Pareys bunte Gartentips

Elmar Stamm

Erfolgreiches Gärtnern auf Hochbeeten

Ein erprobter Weg zur Gemüse-Selbstversorgung
durch verbesserte Kompostierungsmethoden

Mit 30 Farbabbildungen, 24 Zeichnungen
und 10 Übersichten

Verlag Paul Parey · Berlin und Hamburg

In der Reihe

Pareys bunte Gartentips

sind bisher erschienen:

R. Gardiner, So wird der Rasen perfekt
R. Grounds, So schneidet man Zier- und Obstgehölze
R. Grounds, So pflegt man Zimmerpflanzen
R. C. M. Wright, So vermehrt man Pflanzen im Zimmer,
   im Garten und im Gewächshaus
R. Genders, So einfach ist der Anbau von Gemüse
F. Glasau, So hat man mehr Freude an Rosen
G. Fritzsche, So wächst und blüht es auf dem Balkon
H. Kohstall, Laubgehölze für den Garten
E. Stamm, Erfolgreiches Gärtnern auf Hochbeeten
Die Reihe wird fortgesetzt

CIP-Kurztitelaufnahme der Deutschen Bibliothek

Stamm, Elmar:
Erfolgreiches Gärtnern auf Hochbeeten : e.
erprobter Weg zur Gemüse-Selbstversorgung
durch
verbesserte Kompostierungsmethoden / Elmar
Stamm.
– Berlin ; Hamburg : Parey, 1986.
(Pareys bunte Gartentips)
ISBN 3-489-62224-3

Abbildung Seite 2: Sechs Hochbeete dieser Art entsprechen einer Anbaufläche von ca. 60 m². Für die Gemüse-versorgung einer Person pro Jahr reichen 15 m² voll aus – den Kartoffelanbau ausgenommen. Wer aber einmal die Fruchtbarkeit eines Hochbeetes erfahren hat, baut sich schnell ein zweites und drittes.

Zeichnungen: Barbara Feise, Ingrid Oehrlein, Petra Reher
Photos: H.-D. Warda (Abb. 1), G. Rogers (Abb. 11), alle übrigen Abbildungen vom Verfasser

© 1986 Verlag Paul Parey, Berlin und Hamburg. Anschriften: Lindenstraße 44–47, D-1000 Berlin 61; Spitaler-straße 12, D-2000 Hamburg 1. Satz und Druck: Druckerei Appl, D-8853 Wemding. Bindung: Lüderitz und Bauer, Buchgewerbe GmbH D-1000 Berlin 61. Einbandgestaltung: Jan Buchholz, Reni Hinsch, D-2000 Hamburg 73.

ISBN 3-489-62224-3 · Printed in Germany

Vorwort

In dem vorliegenden Büchlein wird ein Vergleich zwischen Flach-, Hügel- und Hochbeeten gezogen, die als Freiland-Gemüsekulturen im Garten des Verfassers miteinander in Konkurrenz standen. Der Autor ist durch jahrzehntelanges Gärtnern mit allen drei Beetformen vertraut. Die gemessenen Vergleichswerte geben selbstverständlich nur näherungsweise die Ernteergebnisse an, weil sie nicht zeitgleich nebeneinander betrieben wurden, sondern in Jahren aufeinander folgten. Insgesamt aber kann sowohl ein qualitativer als auch mengenmäßiger Ernteerfolg zugunsten der Hochbeetkultur festgestellt werden. In einem Zahlenverhältnis ausgedrückt: Die Ernteergebnisse von Flach-, Hügel- und Hochbeeten verhalten sich etwa wie 1 : 2 : 3.

Der dreifache Ertrag bei Hochbeeten wurde erzielt durch meist drei Ernten pro Jahr und Beet, durch Mischkultur zueinander passender Gemüsearten, bessere Nährstoffversorgung mit Kompost und durch die erhöhte Bodentemperatur, die die Saaten früher keimen und die Erntereife schneller eintreten ließ.

Die vorgestellten Gartenanlagen sind als ein in sich geschlossenes Arbeitssystem zu verstehen. Das Tiefbeet, der Kompostbehälter und der über Winter ruhende Komposthaufen sind alle funktionierende »Zubringer« für die 6 Hochbeete des Verfassers. Alles dreht sich also um den Kompost, der in der letzten Phase seiner Umwandlung als Humusauflage und Nährstoffversorgung für die Gemüseanzucht auf Hochbeeten dient.

7 Jahre Hochbeetkultur sind ein Erfahrungsschatz, den der Verfasser guten Gewissens an den Leser weitergeben kann. Er hat in seinen »Lehrjahren« natürlich auch Rückschläge hinnehmen müssen. Solche Fehler soll der experimentierfreudige Hobbygärtner nicht noch einmal erleben müssen. Er erhält fix und fertig ein in sich schlüssiges Konzept für erfolgreiches Gärtnern, neu und rationell in der Art, *von einem Praktiker für Praktiker* bis zu Ende erprobt und durchdacht. In Zeitschriftenartikeln, Volkshochschulkursen und in drei Fernsehsendungen (NDR III »Das Jahr im Garten« 1982/84) und Vorträgen konnte der Verfasser diese Idee schon einem größeren Publikum vorstellen mit dem Erfolg, daß nach Ausstrahlung der Sendung tausende von Anfragen und Bitten um Überlassung des Manuskripts eintrafen. Durch diese Resonanz ermutigt, wurde der Gärtner auch zum Autor. Er spricht mit diesem Büchlein alle jene an, die schon länger mit dem Gedanken spielen die anwachsende Fülle organischer Abfälle für ihren Blumen-, Obst- oder Gemüsegarten nutzbar zu machen und durch ständig wiederholte Kompostlagen das Bodenleben zu fördern. Das vorgestellte Hochbeet-Konzept ist die Verwirklichung der Idee, auf kleinstem Raum die besten Erträge zu erzielen.

Hamburg, im Frühjahr 1986   Elmar Stamm

Inhalt

1 Der Gärtner und die Landwirtschaft

Ackerbau ohne Humus?

Unseren Urlaub verbringen wir oft bei einem Weinbauern im Badischen. Mein Sohn und ich helfen ihm beim »Herbschten«, wie die Weinlese dort genannt wird. Obwohl der Wein seiner Herkunft nach ein Felsengewächs ist, werden seine Abkömmlinge hier wie vielerorts auch in Feldkultur angebaut. Geblieben ist aber noch der Ausdruck »Weinberg«, wenngleich die Gegend hier allenfalls schwach hügelig, meist jedoch wellig oder flach beschaffen ist.

Mir fiel beim Arbeiten auf, daß der Boden im Weinberg kaum eine Ackerkrume hatte, sondern aus rohem, gelbem Mergel, anderswo aus etwas dunklerem Lettenton, bestand. Bei Regenwetter blieben davon Klumpen am Stiefel hängen. Obwohl ich danach suchte, habe ich keine Regenwürmer im Boden gesehen, die allgemein als Anzeiger für gute Bodenqualität gelten. Ich fragte den Winzer, warum sein Boden so humusarm sei und ob denn kein Mist mehr gestreut würde. Er sagte mir: »Mist fällt in meinem Betrieb nicht mehr an, weil wir das Vieh abgeschafft haben. Mein Vater hatte noch Kühe im Stall. Damals haben wir den Mist in jedem Frühjahr auf die Weinfelder mühselig aufgebracht und untergepflügt. In den 50er Jahren wurde die Winzerei im Dorf auf Mineraldüngung umgestellt. Die Viehhaltung ist wegen Unrentabilität wegrationalisiert, das Weideland umgebrochen und mit neuen Weinreben bepflanzt worden. Durch diese Maßnahme hat sich meine Rebfläche verdoppelt und der Ertrag etwa vervierfacht. Bis auf drei Winzer sind alle anderen des Dorfes der Genossenschaft beigetreten. Seitdem wird die Auswahl der Rebsorten und die Verteilung der Dünge- und Pflanzenschutzmittel von der Genossenschaft geregelt. Sie legt auch die Termine der Lese fest und übernimmt Kelterei, Abfüllung, Etikettierung der Flaschen und den Versand. Sie sehen – wir haben zwar viel von unserer früheren Selbständigkeit aufgegeben – sind aber bisher recht gut damit gefahren, und mein Gewinn ist besser als früher,« meinte er zum Schluß vielsagend.

Damit hatten wir eine Lektion über die Modernisierung eines landwirtschaftlichen Betriebes bekommen: Ein Acker fast ohne humose Krume, allein mit Mineraldünger versorgt, bringt gute Erträge. Justus von Liebig's Wissenschaft von der Wirksamkeit weniger chemischer Grundstoffe für das Gedeihen der Pflanzen ist Praxis geworden. Humus ist dabei, so scheint es jedenfalls, nicht nur überflüssig, sondern wegen der vermuteten Infektionsgefahr durch Krankheiten und Schädlinge auch bedenklich. Darum wird auf dem Weinberg-Akker auch kein Kompost mehr gestreut, obwohl mit den Trester-Rückständen und nach dem Rebenschnitt anfallenden Zweighäcksel sehr wohl kompostierfähiges Material zur Verfügung stünde.

Ob an diesem Konzept, auf Dauer gesehen, wirklich alles Sonnenschein ist? Bisher hat der Erfolg den Weinbauern Recht gegeben – und wer will es ihnen verdenken, daß sie diesen Weg gegangen sind?

Kein vernünftig denkender Mensch kann wünschen, das Rad der Zeit wieder rückwärts zu drehen und zu einer vor-industriellen Wirtschaftsweise zurückzukehren. Die Versorgung von Millionen in Städten lebender Menschen mit Lebensmitteln zu einem erschwinglichen Preis ist nicht denkbar ohne die industrielle Ausrichtung der Landwirtschaft. Wer einer Bauernwirtschaft von anno dazumal nachträumt, verrät zwar Sinn für Idylle, weiß aber nichts über die komplexen Zusammenhänge moderner landwirtschaftlicher Produktion. Wo immer es möglich ist, wird der »integrierte Pflanzenbau« angestrebt. Das heißt: Gründüngung plus Mineraldüngung nebeneinander – oder organische Düngemittel im ersten, mineralische im Folgejahr. Leider hat die Spezialisierung dazu geführt, daß z. B. der Kälber-Aufzucht treibende Landwirt ein Zuviel an Stallmist, der Hackfrüchte-Bauer aber zu wenig davon hat. Wären beide Nachbarn im selben Dorf, gäbe es mit dem Austausch von Rübenschnitzel gegen ein Fuder Mist keine Probleme. Da aber unsere landwirtschaftlichen Betriebe oft regionale Schwerpunkte bilden (Grünlandbetriebe dort, wo kein anderer Landbau lohnt, oder umgekehrt: Auf guten Böden vorwiegend Weizenanbau, aber nur wenig Weideland) kommt nicht immer eins zum andern. Lange Transportwege würden Kosten verursachen, also greift man zum sauberen Mineraldünger-Sack. So ist in vielen Betrieben die kosten- und arbeitsaufwendige Stallmistdüngung der maschinenfreundlichen Streuung mit granuliertem Mineraldünger gewichen. Solange ein 50-kg-Sack Stickstoffdünger dieselbe Düngekraft hat wie ein Fuder Stallmist, wird der rechnende Landwirt aus Zeit- und Kostenersparnis zum bequemen Granulat greifen. Daß einige wenige Landwirte einen alternativen Weg suchen, kann nicht über die Tatsache hinwegtäuschen, daß ihre Produkte unter erheblichem Mehraufwand menschlicher Arbeitskraft und in weit geringeren Mengen hergestellt werden, als es die spezialisierten und voll mechanisierten modernen Betriebe vermögen. »Demeter« oder »Bio-Kost«-Waren sind deshalb auch so teuer und eigentlich nur für einen kleinen Kreis gut betuchter Konsumenten bestimmt, der volkswirtschaftlich nicht ins Gewicht fällt. So skeptisch mancher auch die Arbeitsmethoden der modernen Landwirtschaft betrachten mag – er darf die Notwendigkeit nicht verkennen, daß heute von immer weniger Landwirten mehr und bessere Lebensmittel produ-

ziert werden müssen als in allen Jahrhunderten zuvor. Hierbei wird die Anwendung von sogenannten »Industrie-Kunstdünger« oder »chemischen Pflanzenschutzmitteln« bevorzugt.

Letztlich ist es eine Frage der Wirtschaftlichkeit, ob der Landwirt zu einem »organischen« oder zu einem »mineralischen« Dünger greift. Organische Düngemittel, insbesondere die zu Spänen oder Mehl zerkleinerten Schlachthofabfälle wie Horn-Knochen- oder Blutmehl sind leider arbeits- und energieaufwendiger als die chemisch bereiteten Dünger. Entsprechend unterscheiden sich auch ihre Preise. Der Landwirt muß darum aus Gründen der für seinen Betrieb günstigeren Kalkulation meistens zum Mineraldünger greifen. Zudem ist er auch abhängig von den Bedingungen seiner Genossenschaft und darüber hinaus von den Absatz- und Produktionsbestimmungen der Brüsseler EG-Behörde. Insbesondere die Güteklassen-Einteilung zwingen ihn zur Einhaltung des Einsatzes von Pflanzenschutzmitteln – oft mehr als ihm selbst lieb ist, und obwohl er weiß, daß gerade diese Schutzmittel oft die Kosten für den Mineraldünger erreichen und übersteigen. Das nämlich ist das Dilemma des industriell betriebenen Landbaus: Weil die großflächige Monokultur die rationellere Methode ist, folgt zwangsläufig die Vermehrung der Schädlinge. Bakterielle und pilzliche Seuchen sowie Insekteninvasionen nehmen auch deshalb zu, weil durch das Aufbringen von Mineraldüngern das Bodenleben zumindest in der Oberflächenschicht zeitweise vernichtet wird (siehe auch Alwin Seifert in »Gärtnern, ackern – ohne Gift«). Dem ungehinderten Angriff dieser Schädlinge kann nur durch intensiv wirkende Pflanzenschutzmittel begegnet werden. Durch sie werden fatalerweise auch die Nützlinge und deren Larven mitvernichtet. Die Bodenlebewesen wie auch die natürlichen Nützlinge wirken in freier Wildbahn aber als Regulativ gegen das Überhandnehmen der Schädlinge. Ist dieses biologische Gleichgewicht gestört, entsteht ein Teufelskreis.

Die Frage ist nun, ob auch der Kleingärtner dem Weg der industriell betriebenen Landwirtschaft oder Erwerbsgärtnerei folgen soll. Es gibt viele, die aus Gründen der Kostenersparnis oder der Bequemlichkeit wegen zum Sack mit »Thomasphosphat«, »Nitrophoska«, »Schwefelsaures Ammoniak«, »Kali-Magnesia« oder »Superphosphat« u.a. greifen. Sauberer ist diese Methode allemal. Wer täglich seine kleine Abfallschüssel über den Komposthaufen entleert, hat es schwerer, zu der nötigen Kompostmasse zu kommen. Und wenn er darangeht, seinen Komposthaufen umzusetzen oder später aufs Land verteilt, kommt er mit dem »Schmutz« erst recht in Berührung. Denn etwas anderes ist dieses wurmstrotzende, schmierige Zeugs doch nicht − oder? Eine rhetorische Frage, wie Sie sicher merken. Im nächsten Abschnitt will ich Ihnen ein »Schlüssel-«Erlebnis schildern, das Sie nachdenklich stimmen sollte.

Erfahrungen mit Mineraldünger

Ich hatte früher einmal eine Gartenecke, auf der jahrelang Stachelbeersträucher standen. Weil sie überaltert waren, rodete ich sie kurzerhand aus und wollte diese Ecke in Gemüseland verwandeln. Damals glaubte ich noch an die allmächtige Kraft des Mineraldüngers und streute kräftig Blaukorn aus. Den Boden bestellte ich wie gewohnt und wunderte mich nach einigen Wochen über das viele Unkraut. Sonst habe ich es immer nur mit Vogelmiere, einjährigem Rispengras, Gartenkresse, Löwenzahn und Brennesseln oder Melde zu tun, diesmal waren es ganz andere Arten. An den scharfen Hahnenfuß, Sauerampfer und Hederich und an das Ackerstiefmütterchen kann ich mich noch erinnern. Jeder Boden hat ja bekanntlich die Pflanzengemeinschaft seiner Beschaffenheit. Waren die vorgenannten Arten Vertreter einer stickstoffüberschüssigen Erde, so kann man die letzten als Anzeiger eines Magerbodens bezeichnen.

Meine Möhren wurden zum Teil sehr groß, da hatte der Dünger voll gewirkt, zum Teil leider beinig und ich bemerkte auch Älchen (Nematodenbefall) an den Wurzelenden. Der Spinat, obwohl früh ausgesät, war vom Falschen Mehltau befallen und die Kohlrabi, von Kohlweißlingen umschwirrt, litten an Raupenfraß. Ich hatte absichtlich keine Pflanzenschutzmittel genommen. Damals hielt ich es für unverant-

wortlich, Gifte auf das Gemüse zu sprühen, das meine Familie später essen sollte. Inzwischen habe ich mich vom Pflanzenschutzamt Hamburg belehren lassen, daß solche Mittel binnen weniger Wochen abgebaut bzw. ausgewaschen würden, was heißt: Vom Regen abgespült, oder vom Luftsauerstoff plus der Luftfeuchte neutralisiert.

Was hatte ich falsch gemacht? Der Boden war nach jahrzehntelanger Nutzung ausgemergelt, denn ich hatte diese Ecke, was Nachdüngen betrifft, sträflich vernachlässigt. Von den Wurzeln der Stachelbeersträucher aufgenommen, verwandelten sich auch die letzten Krümel Humus in Knospen, Blüten, Fruchtfleisch usw., um als Beeren in Richtung Küche abtransportiert zu werden. Wer das jahrelang praktiziert, treibt Raubbau. Dementsprechend sah der Boden auch aus: Die Erde war bei Trockenheit pulvrig, grau, nach Regen schlammig und es bildeten sich bei nachfolgender Schönwetterlage Trockenrisse, aus denen die restliche Feuchtigkeit schnell entwich. Der Bodenbeschaffenheit nach muß man hier von »Schluff« sprechen.

Im Lexikon steht unter »Schluff«: Mineralkörnchen von 0,06−0,002 mm Durchmesser, was eigentlich auf reinen Ton zutrifft. Der war es leider nicht, hätte es aber sein müssen, denn der Untergrund besteht aus Lehmboden. Was war des Rätsels Lösung?

Die verfügbaren Tonteilchen, die den Mutter-Boden »bindig« machen und ihm seine Krümelstruktur verleihen, waren mit der Humusbildung aufgezehrt worden. Man muß sich das so vorstellen: Bedingt durch die Klebekraft der kolloidalen Tonminerale lagern sich organische Verrottungsstoffe an ein staubkorngroßes Ton-Körnchen. An diesem Vorgang ist der Regenwurm maßgeblich beteiligt. Mit seinem Maul zerkleinert er das vorgegärte Streugut (Blätter, Halme, Papier ...) und in seinem Darm verbinden sich die tonigen mit den organischen Teilchen, um bei der Ausscheidung als Wurmhäufchen herauszukommen. Dies ist das Fruchtbarste für die Pflanzen. Es enthält die Nährstoffe in der Form, daß die Pflanzensaugwurzeln sie als bereitete Mahlzeit aufsaugen können. Sein Name: Ton-Humus-Komplex (THK). Er bildet nach weiteren Veränderungen

9

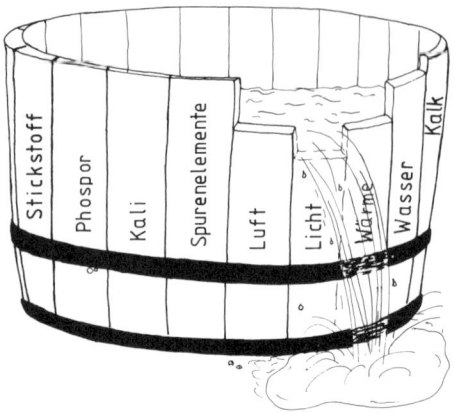

Zeichnung 1: Jeder Gärtnerlehrling kennt dieses Bild. Es demonstriert das »Gesetz des Minimums«, das etwa folgendes aussagt: Fehlt es der Pflanze an einer der bezeichneten Bedingungen, kann sie nicht optimal wachsen. Erst wenn alle Ansprüche befriedigt sind, kann ein gesundes Pflänzchen heranwachsen, andernfalls bleibt es ein Kümmerling — mögen auch noch so viele Nährstoffe im Boden verfügbar sein. Eine Pflanze kann das Fehlende nicht kompensieren

den bekannten Dauerhumus. Die wertvollsten, weil humusbildenden Ton-Minerale sind Montmorillonit, Bentonit und andere Feldspat-Abkömmlinge. Statt sie teuer zu kaufen, kann man auch einen Eimer Lehm über seinen Kompost verteilen; er enthält ebensoviele Kristallisationskerne, die die beschriebenen THK-Verbindungen bilden können.

Zurück zur Stachelbeerecke: Unter den Sträuchern herrschte ständige Austrocknung des Bodens. Deshalb blieben auch die Regenwürmer fern, weil ihnen trockener Boden nicht zusagt. Dies hatte wieder zur Folge, daß vom Lehm-Untergrund nichts mehr nach oben geschafft wurde, und folglich auch keine neuen Humuskrümel zusammengekittet wurden.

Ich machte auch einen Düngefehler: Blau-

korn, ein chemisches Konzentrat aus Stickstoff-, Kali- und Phosphor-Salzen enthält beileibe nicht alle Stoffe, derer die Pflanzen, insbesondere das Gemüse, bedürfen. Die Palette aller Pflanzennährstoffe umfaßt nicht nur diese drei genannten Haupt-, sondern auch die Spurenelemente: Magnesium, Schwefel, Eisen, Bor, Kupfer, Mangan, Zink, Molybdän und Natrium. Die Defizite an aufgezählten Elementen ließen das bekannte Daubenfaß, das alle Gärtnerlehrlinge mit Sicherheit kennengelernt haben, schon sehr früh auslaufen (Zeichng. 1). Es demonstriert lehrbildhaft das Gesetz des Minimums, wonach bei Fehlen eines wichtigen Wachstumsfaktors ein Anbau von Kultur-Pflanzen nur Kümmerlinge hervorbringt. Gemüsepflanzen stellen aber sehr große Ansprüche an Nährstoffe und Wachstumsbedingungen überhaupt. Also müßte ein guter Garten-Boden nicht nur drei Hauptdüngesubstanzen im vollen Umfang, sondern auch alle anderen anbieten können, damit jede Gemüseart die ihr gemäßen Stoffe vorfindet.

Besser als ein mineralisches Konzentrat wäre deshalb eine Kur mit humusbildendem Kompost gewesen. Die aber gab ich meiner Ecke im nächsten Jahr: Ich opferte die Hälfte meines Komposthaufens und stopfte beim Umgraben davon reichlich in die Furche, die dann mit jedem Abhub des nächsten Spatenstichs bedeckt wurde. So erreichte ich eine oberflächennahe Verteilung des Grobkomposts und gleichzeitig eine flache Bedeckung mit alter Erde, die übergeharkt werden konnte. Diese Kur wirkte Wunder: Nie zuvor hatte ich besseres, gesünderes und schmackhafteres Gemüse!

Dieses Erlebnis brachte mich zur Überlegung, ob man die segensreiche Wirkung des Komposts nicht noch besser ausnutzen könnte. Da fiel mir ein Aufsatz von Hermann Andrä in die Hände, der auch darüber nachgedacht hatte. Er machte die Hügelbeetkultur populär und ich versuchte es nun auch damit.

2 Das Hügelbeet

Versuche mit dem Hügelbeet

Mein erstes Hügelbeet baute ich der Skizze nach, die dem Aufsatz von Hermann Andrä beigegeben war. Ich hob zuerst eine trogförmige Grube von 1,30 m Breite, 10 m Länge einen Spatenstich tief aus und warf den ausgehobenen Mutterboden beiseite. Von den gesammelten Gartenabfällen häufte ich das Gröbste in der Mitte zu einer Reihe auf, also das dicke Knüppelholz, Wurzelstöcke, Bretter und Latten, Kohlstrünke u. a. Dabei entstanden natürlich viele Hohlräume. Sie wirken in einem fertigen Beet wie Züge in einem Kachelofen: Sie sorgen für Ventilierung und bringen neuen Sauerstoff für die Verbrennung heran. Denn Luft von unten ist auch für die Pflanzenwurzeln eine unverzichtbare Notwendigkeit. Wo nämlich ein Boden verdichtet ist, wächst nichts mehr. Die größere Fruchtbarkeit von Komposthaufen, Hügel- und Hochbeeten ist nicht nur vom Nährstoffreichtum und der Verrottungswärme abhängig, sondern auch von der besseren Durchlüftung.

Auf das Grobe kam als nächste Schicht ein Substrat mittlerer Dichte: mit der Rosenschere zugeschnittenes Gesträuch, durchfeuchtete Pappen- und Papiermassen, auch Laub, Gras- und Heckenschnitt. (Zwischendurch warf ich immer mal eine Schaufel Erde auf diese Schicht, um sie mit neuen Bakterien und Bodenlebewesen zu impfen.) Wer gerade Grassoden zur Verfügung hat, könnte sie hier deponieren; sie geben dem Beet das künftige Profil.

Darauf packte ich die nährstoffreichere und dichtere Schicht des »Feineren«: Gehäckseltes Gesträuch, mit Grobkompost und Erde untermischt. Spätestens in dieser Schicht sollte das Gießen nicht vernachlässigt werden.

Das »Feinste« bildet den Abschluß: Mit dem Rest des Mutterbodens vermischte ich den durchgesiebten Kompost und formte den Wall zu einem ansehnlichen Hügelbeet, wie aus den Zeichnungen 2 und 3 ersichtlich ist. Da sich mein Kompost in der Masse aus Laub und Schalenresten zusammensetzt, hat er ein ungünstiges CN-Verhältnis, d. h. die Kohlenstoffanteile überwiegen bei weitem die des Stickstoffs. Um dieses Defizit auszugleichen, streute ich pro laufenden Meter der Beetlänge etwa 250 g Hornspäne, insgesamt also 2,5 kg. Das war der ganze Düngevorrat für die nächsten 3 Jahre. Einharken und Festklopfen mit der Schaufel sind die letzten Arbeiten gewesen.

Im ersten Jahr baute ich starkzehrende Gemüsesorten an: Knollen-Sellerie obenauf, Möhren mit Zwiebeln an den Flanken und am Fuß beider Seiten je eine Reihe Rosenkohl. Mengenmäßig und von der Qualität her, gab es im Herbst eine hervorragende Ernte. Auch im Folgejahr hatte ich mit Erbsen (oben), Buschbohnen an den Hängen und Endivien- bzw. Feldsalat als Zweitkultur gute Erfolge. Mit Spätkartoffeln gab es im dritten Jahr immerhin noch eine durchschnittliche Ernte. Dann aber waren die Nährstoffe aufgezehrt, und der Hügel in sich zusammengefallen. Im letzten Herbst blieb nur noch ein leicht gewölbtes, unregelmäßig geformtes Flachbeet übrig.

Krankheiten traten während dieser drei Jahre nicht auf. Pflanzenschutzmittel wurden nicht benötigt. Lediglich ein Teil der Möhren war

Abb. 1: Hügelbeete sind die Vorläufer der Hochbeete. Auch sie bringen hohe Erträge, fallen aber nach 3–4 Jahren in sich zusammen und ziehen oft leider Wühlmäuse an

nach einer Dürrezeit und nachfolgendem Regen unregelmäßig geformt, ein kleiner Teil geplatzt. Alle waren jedoch gesund und in der Küche voll verwertbar.

Insgesamt beurteilt, bringt die Hügelbeetkultur eine deutliche Ertragssteigerung gegenüber Flachbeeten. In den ersten zwei Jahren betrug sie etwa das Doppelte — und das ohne Nachdüngung. Dann war ein Rückgang auf das normale Maß festzustellen.

Auch andere Hügelbeetbesitzer bestätigten diese Erfahrung. Einig waren sich alle, daß eine Geschmacksverbesserung spürbar sei. Das Eigenaroma der Gemüsearten wäre, verglichen mit mineralgedüngten Flachbeeten oder gekauftem Gemüse, weitaus besser. Sicher beruht dieses Urteil unter anderem auf dem kurzen zeitlichen Abstand zwischen Ernte und sofortigem Verzehr, einem Vorzug bei allen Gärtnern, die Gemüse selber anbauen.

Die in Hügelbeeten verwirklichte Idee von der nützlichen Verwertung organischer Abfälle, die sonst verbrannt oder der Müllabfuhr überlassen wurden, verdient die Auszeichnung »umweltfreundlich«.

Schließlich kommt noch die »Null-Kosten-Bilanz« hinzu: Das Aufsetzen eines Hügelbeetes kostet den Hobby-Gärtner nur die Mühe, nicht aber Bares. Angesichts der erhöhten Erntemengen doch eine sehr positive Rechnung, die alle jene überzeugt, die wirtschaftlich denken können.

Bei so vielen positiven Kriterien dürfen aber die negativen nicht unterschlagen werden.

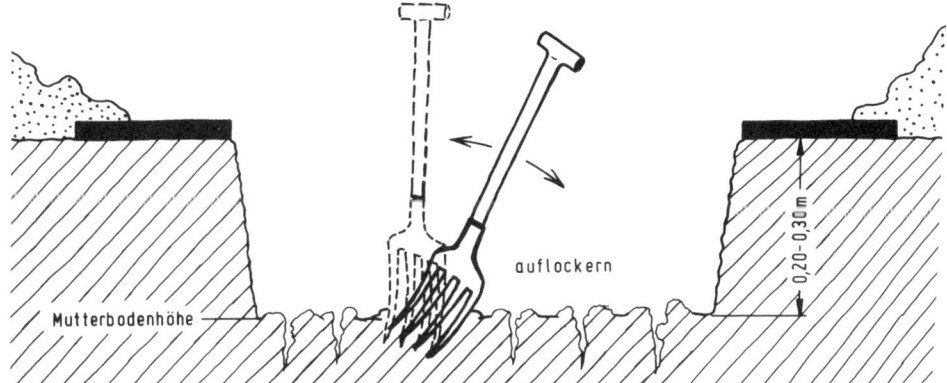

auflockern

Mutterbodenhöhe

0,20-0,30 m

Zeichnung 2: So beginnt man ein Hügelbeet. Nachdem der Mutterboden etwa 30 cm tief ausgehoben und beiseite gelegt worden ist, sollte man den Unterboden mit einer Grabgabel lockern und auch für eine Düngung mit Kalk und Kali sorgen. Das Hinaus- und wieder Einschaufeln des Bodens kommt in seiner Wirkung einem Rigolen gleich

Zeichnung 3 (unten): Schnitt durch ein Hügelbeet, das der Vorläufer des Hochbeets ist. Im Aufbau sind beide ähnlich, in der Lebensdauer ist das Hochbeet weit überlegen

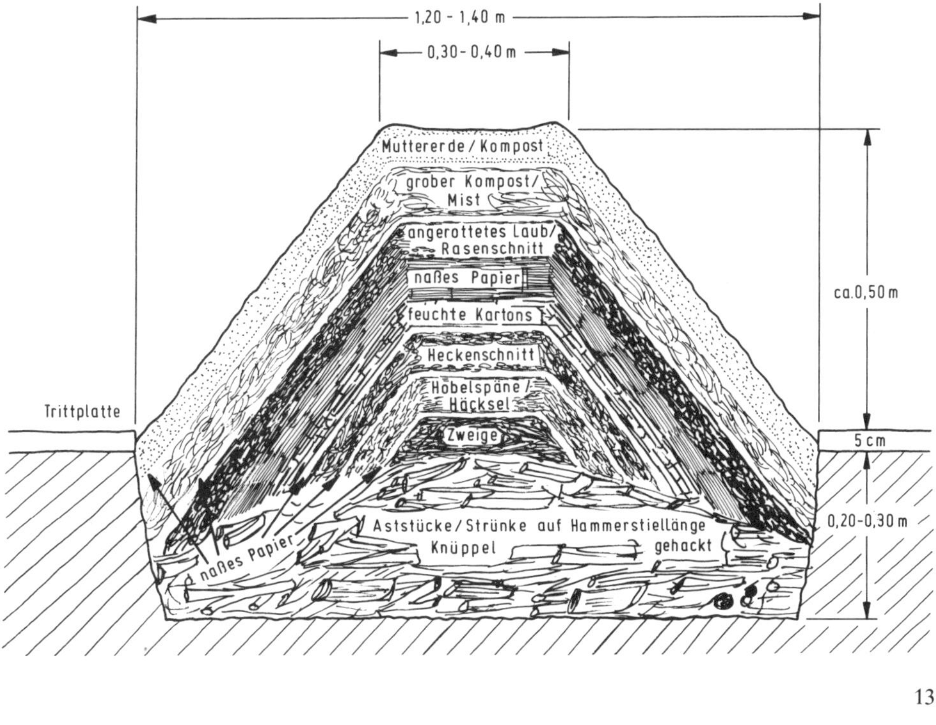

1,20 - 1,40 m

0,30 - 0,40 m

Muttererde / Kompost

grober Kompost / Mist

angerottetes Laub / Rasenschnitt

naßes Papier

feuchte Kartons

Heckenschnitt

Hobelspäne / Häcksel

Zweige

ca. 0,50 m

5 cm

0,20 - 0,30 m

Trittplatte

naßes Papier

Aststücke / Strünke auf Hammerstiellänge
Knüppel   gehackt

Erfahrungen

Da waren zum Beispiel im dritten Jahr die Wühlmäuse in meinem Beet. Andere klagten ebenfalls über diese Plage. Kein Wunder — denn wo soviel Lockerboden aufgehäuft wurde und es obendrein noch mollig warm ist, wird dieses Ungeziefer nicht ausbleiben. Schlimm sind deren Auswirkungen: Wurzeln werden angenagt und viele Pflanzen verdorren mitten in der Vegetationsperiode.

Problematisch wird es bei Hügelbeeten auch in Dürrezeiten: Bleibt der Regen mal zwei und mehr Wochen aus, prallen die Sonnenstrahlen im rechten Winkel auf die Beetflanken, was die Intensität der Sonnenenergie beträchtlich erhöht. Dieser Umstand läßt zwar die Pflanzen schneller wachsen, aber die luftig aufgesetzten Schichten trocknen auch schneller aus und die Pflanzen leiden Wassernot. Gießt man dann mit der Kanne, rinnt das Wasser die Hänge hinunter, ohne sie zu benetzen. Es bilden sich Erosionsrinnen. Sogenannte Regner, Wirbler oder Sprüher, die man auf den Wasserschlauch aufsetzen kann, vergeuden viel Wasser auf Plattenwegen und in Gehölzgruppen, wo sie durch Verdunstungskälte mehr Schaden als Nutzen bringen.

Sinnvoller ist das Wässern mit dem unbewehrten Gartenschlauch. Er wird oben auf das Beet aufgelegt und etwa jede Minute um einen Meter nachgezogen. Dadurch wird zwar ausgiebig gewässert, aber nur die Beetmitte erreicht. Die Flanken des Beetes gehen leider leer aus, weil das Wasser, der Schwerkraft folgend, senkrecht in die Tiefe versickert. Bodenbedeckende Bewachsung, z. B. breitwürfig gesäter Spinat, Feldsalat und einige Schnittsalatsorten, können dem Austrocknen entgegenwirken.

Außer dem Feldsalat sind alle Salatsorten Tiefwurzler. Sie schicken ihre Pfahlwurzeln bis in Zonen ausreichender Feuchte hinab. Deshalb gehören sie und Schwarzwurzeln, Möhren, Pastinaken, Radieschen, dicke Bohnen, Knollenfenchel und andere auf die Kuppe der Hügelbeete, bzw. an die Schrägen. Am Fuße des Beetes gedeihen die Flachwurzler, z. B. alle Kohlsorten, Buschbohnen, Lauchgewächse und Tomaten besser, weil ihnen dort ausreichend Feuchtigkeit angeboten wird.

Man kann freilich die letztgenannten Gemüsearten auch oben aufs Hügelbeet setzen — wenn man das Gießen nicht vergißt. Denn das ist das Handikap dieses Beetes: Beim Aufbau des Hügels geht die Verbindung zur immer vorhandenen Bodenfeuchte für 1–2 Jahre verloren und deren Aufsteigen in den Kapillaren unterbleibt. Daher trocknen Hügelbeete schneller aus als Flachbeete und bedürfen — bei Trockenheit — ständigen Gießens. Einige Hügelbeetbesitzer ziehen deshalb längs der Beetrichtung in der Flankenmitte eine Furche. Sie hemmt das Abfließen des Gießwassers und schafft hineingepflanztem Junggemüse ein ideales Bett.

Wieviele Gemüsereihen bringt man nun auf einem Hügelbeet unter? In früheren Beschreibungen wird die Wall-Form als Vergrößerung der Pflanzfläche herausgestellt. Man bekäme z. B. auf den beiden Schrägen statt einer zwei Reihen unter. Leider hat sich das als Irrtum herausgestellt. Warum?

Alle Pflanzen wachsen ihrem Instinkt folgend geotrop, d. h. sie schicken ihre Wurzeln erdwärts und den Sproß entgegengesetzt nach oben (negativ geotrop). Als zweiter Faktor wirkt der Phototropismus mit; das ist der Instinkt, nach dem Licht zu streben. Werden bei 50 cm Hügelhöhe und 1,30 m Beetbreite an der Basis zwei Reihen auf eine Schräge gesetzt, kommen sich die Pflanzen sehr bald ins Gehege. Ihnen wird der Lichtraum zu eng, und sie beginnen zu »geilen«, was immer eine Ertragsminderung zur Folge hat. Eine Reihe je Schräge entspräche dem Grundriß des Hügelbeetes und würde den optimalen Ertrag bringen.

Eine Einschränkung ist auch die Bindung an die Nord-Süd-Richtung hinsichtlich der Lage des Beetes. Quer dazu angelegte Hügelbeete, also in Ost-West-Richtung, leiden an ihrer Nordflanke an Licht- und Wärmemangel.

3 Das Hochbeet

Erste Begegnung mit der Idee des Hochbeetes

Durch Zufall geriet mir eine Gartenzeitschrift in die Hände, in der Frau Kalaus-Zimmermann über eine Gartenanlage berichtete, die sie »Hochbeet« nannte; sie prägte vermutlich als erste diesen Begriff. Es war eine Weiterentwicklung der bekannten Hügelbeete. Was damals in Bildern und Skizzen gezeigt wurde, kam mir aber bei dieser Anlage nicht ganz ausgereift vor.

Zum Beispiel: entästete und geschälte Fichtenstämme wurden beiderseits einer Beetbreite aufeinandergenagelt, so daß nach Schließen der Kopfseiten ein Kasten entstand. Hier hinein kam das Geäst, Laub, Kompost usw. Der gravierende Fehler waren die vielen Schlupfmöglichkeiten für Mäuse und Wühlratten. Durch Ritzen zwischen den Stämmen und auch von unten her gelangten sie ins warme Innere, wo es ihnen so gut gefiel, daß sie sich fleißig vermehrten. Man mußte das Ganze wieder ausräumen lassen und legte dann engmaschigen Kükendraht im Innenraum aus. Erst jetzt war das Übel (fast) beseitigt. Denn theoretisch könnten Ratten und Mäuse auch weiterhin hineinkommen − nämlich durch Hochklimmen an den griffigen Außenwänden. Auch das in jenem Artikel vorgeschlagene Bewässerungssystem war viel zu umständlich.

Da ich nach den guten und weniger guten Erfahrungen mit meinem Hügelbeet entschlossen war, ein als richtig erkanntes Prinzip beizubehalten, suchte ich nach einer besseren Lösung. Was mußte man ändern? Sicher nicht den Aufbau des Beetes, eher wohl die Wände. Bei dieser Überlegung kamen mir die 200 Quadratmeter Eternit-Wellplatten, die bei der Neudeckung des Hauses als »Sperrmüllgut« anfielen, genau recht: Zum Wegwerfen zu schade, boten sie sich geradezu als Wandung für meine geplanten Hochbeete an. Und ich fing an zu bauen.

Anlegen eines Hochbeetes

Geeignetes Füllmaterial

In diesem Abschnitt führe ich zunächst die verschiedenen Materialien auf, die zur Füllung eines Hochbeetes geeignet sind, und die schon Monate vor dem geplanten Bau bereitgestellt werden müssen.

Vorab noch eine Mahnung: Selbst wenn Sie den Bedarf an Füllstoffen nach Festmetern exakt berechnen, werden Sie sich beim Anblick des aufgehäuften Baum- und Strauchholzes, der gestapelten Kartons, Zeitungen usw. vermutlich verschätzen. Ein Haufen Zweige, Äste und Knüppelholz macht den Eindruck gewaltiger Masse. Zerkleinert und gepreßt schrumpft der Berg zu einem bescheidenen Häuflein zusammen. Deshalb die Faustregel: Sie brauchen etwa das Doppelte.

Weil für die Beschickung eines Hochbeetes sehr viel organisches Material benötigt wird, müssen auch solche Substanzen zur Füllung herangeschafft werden, die noch nicht als Kompost bezeichnet werden können.

Hölzerne Gegenstände

Das sind u. a. Baumstämme, Ast- und Zweigholz, Gesträuch, Abfälle von Bauholz, Balken und andere Kantholzreste, auch Paletten, Bretterstücke, Obsthorden, Sägespäne, Hobelspäne. Weniger geeignet sind Spanplattenstücke. Sie enthalten chemische Leime oder gar Pflanzengifte wie Phenol und Formaldehyd, so daß sie besser zum Müll gegeben werden. Will man sie nur als »Volumenfüllsel« benutzen, ist ihr Platz zuunterst, also auf der Sohle.

Papierhaltige Abfälle

Telefonbücher sind aus Holzschliff-Papier hergestellt, einer Papiersorte, aus der auch Zeitungen bestehen. Dieses Papier verrottet schnell und wird von Regenwürmern gern angenommen. Dasselbe gilt für Wellkartons. Ihre Verklebung wird aus solchem Leim gemacht, das tierische Proteine mit vorzüglicher Düngewirkung enthält. Ebenso sind alle unbedruckten Kartonagen, die nicht mit Photos oder Bunt-Farbdrucken versehen sind, ein schnell verrottendes Produkt. Druckschriften, Broschüren und ähnliches, sofern sie keine Farbdrucke enthalten, sind ebenso zur Füllung geeignet. Man sollte mal seine Schränke ausmustern; da kommt bestimmt ein halber Kubikmeter Füllmaterial zusammen. Vor allem sind Zeitungen ein geeignetes Füllmaterial.

Tierische Abfälle

Sollte jemand an Sperrmülltagen Roßhaarmatratzen liegen sehen, so müßte er als kompostbewußter Mensch sofort zugreifen: soviel stickstoffhaltige Haare auf einmal bekommt er höchstens beim Fund eines federgefüllten Plumeaus in die Hände. Kissen sind oft mit Gänse- oder Entendaunen gefüllt und ergeben deshalb bestes Kompostmaterial. Auch mit Kapok, einem pflanzlichen, daunenähnlichen Material, gefüllte Matratzen haben Düngewert. Man sollte sie mit dem Beil in brotscheibengroße Stücke zerhacken, damit sie nicht als »Kalorienbombe«, sondern verteilt auf kleine »Portionen« ins Beet kommen. So können unsere Helfer im Boden, die Mikro-Organismen, sie leichter in pflanzenverfügbares Nitrat umwandeln. Das gilt auch für abgelegte Pelze oder mottenzerfressene Tierfelle. Daß Knochen wegen ihres hohen Phosphorgehalts wertvolle Abfälle sind, ist bekannt. Kleinere lassen sich mit dem

Häcksler zu Splittern zerkleinern. Nach einem Jahr sind sie meistens schon so mürbe, daß sie sich durch Drauftreten mit dem Absatz oder mit Hilfe der Schaufelspitze leicht zerbröseln lassen.

Textile Abfälle

Verrottungsfähige Tuche findet man heutzutage nur noch selten. Die Kunstfaser hat schon seit den 30er Jahren die Wolle, Baumwolle, Kapok, Leinen und Nessel abgelöst; abgelegte Kleidungsstücke aus Kunstfaser vertraut man besser der Mülltonne an, auch dann, wenn vielen Oberbekleidungsstücken Woll- oder Baumwollfasern untergemischt wurden. Aber es gibt sie dann und wann noch, die echten Fasern: z. B. in Taschentüchern, Bettwäsche-Inlets, in alten Lodenkleidungsstücken, in Filzen, z. B. in Hüten. Auch alte Wollpullover, Wollsocken und andere, nicht mehr brauchbare Wollkleidung sind willkommene Beetfüller.

Schilfrohrmatten, Abfälle bei Dachbedeckungen mit Reet, Rindenabfälle, Korbgeflechte aus Weidenruten, Isoliermatten aus Rohr sind weitere Materialien, die wir ins Beetinnere hineinpacken können.

Wir brauchen nicht zu befürchten, etwa eine komplette Müllkippe aufzutürmen; alle diese Stoffe sind natürlichen Ursprungs und verrotten entsprechend wieder.

Bautermine

Es gibt eigentlich nur zwei Termine für den Hochbeetbau: das Frühjahr — schon im frostfreien Februar ist ein Anfang möglich — oder den Herbst.

Das Frühjahr ist deshalb die günstigere Zeit, weil man über Winter die Bäume geschnitten hat und über Baumholz und Zweige verfügt. Vielleicht hat jemand auch im eigenen Haus gewerkelt und jetzt Holzabfall gewonnen. Die Zeitungen sind ein halbes Jahr länger gestapelt worden. Laub, Kartons und auch Haushaltskompost stehen in größerer Menge zur Verfügung.

Ein weiterer Vorteil ist die an ersten warmen Tagen beginnende Verrottung des Komposts. Sie liefert die für eine frühe Keimung und das

Heranwachsen der Keimlinge nützliche Verrottungswärme. Im Herbst kann es natürlich an Warmtagen auch schon zu dieser Erwärmung des Kompostguts kommen, aber ihre Energie verpufft ins Leere, weil das Beet noch nicht bestellt ist.

Ein im Herbst begonnener Hochbeetbau kann natürlich bei Verschlechterung des Wetters bis zum Frühjahr liegen bleiben und dann erst fertiggestellt werden. Man trage dann aber Sorge, daß sich nicht Ratten einnisten können. Die Gefahr ist gegeben, wenn das Beet nach einer Seite noch offen ist. Denn Ratten nehmen solchen »Müllplatz« gern als willkommene Nistmöglichkeit an und sind dann nur unter kostspieligen Anstrengungen (wie zum Beispiel mit Vergasungspatronen) wieder zu vertreiben.

Beetformen

Ausgehend von der Reichweite der Arme mittelgroßer Menschen dürften Beete, die man von beiden Seiten bearbeiten können muß, 1,30 m bis höchstens 1,60 m breit werden. Man will ja auch noch in der Beetmitte eine Tomate pflanzen können, ohne die Beete zu betreten. Das ist aber wegen der Boden-Verdichtungsgefahr streng verboten — höchstens nach Drüberlegen von tragfähigen Bohlen wäre es erlaubt. Aber wer will sich solchen Umstand machen? Hochbeete sind doch Bequem-Beete!

Bei 1,20 bis 1,30 m Breite lassen sich die Gartenarbeiten (Rillensaaten, Pflanzarbeiten, Gießen) problemlos erledigen und man kann 4 Reihen in Mischkultur unterbringen. Je breiter das Beet, desto anstrengender wird z. B. das Heben der Gießkanne — wegen des höheren Armwinkels. Auch wäre es sehr mühevoll, seinen Dreizink-Kultivator nur mit Verrenkungen durch die innen gelegenen Reihen ziehen zu können. Welche Formen können die Beete haben?

Da sind zunächst die sehr praktischen und bewährten Kastenbeete, etwa von 7 bis 11 m Länge. Sie sind insofern praktisch, weil z. B. das Anreisern der Erbsen mit einem Maschendraht problemlos ist: jeden Meter einen Stab in die Erde und den Draht daran festbinden — fertig. Auch Häufeln und Hacken, Jäten und Gießen, Säen und Ernten gehen flott von der Hand,

wenn man »im Nebenhergehen« und von beiden Seiten an die Pflanzenreihe herankommt. Außerdem reicht der Inhalt einer Samentüte bei Erbsen, Bohnen, Wurzeln im allgemeinen für ein zweizeiliges 9 bis 11 m langes Beet aus. Noch etwas: Je länger ein Beet wird, desto günstiger ist das Verhältnis von Fläche zu Baukosten.

Aber es gibt natürlich auch noch andere Formen: Es ist kostengünstig, wenn man das Beet an ein vorhandenes Gebäude längsseits anbauen kann — natürlich nicht an einer Nordwand. Man spart dadurch eine Seitenwand, darf es dann aber nur 80 cm breit machen — wegen der Reichweite der Arme. Auch verbietet es sich, wenn ein Dachüberstand das notwendige Regenwasser abhält. An einer Südseite hätte man den Vorteil schnellerer Erwärmung und bei Windstille einen Treibhaus-Effekt, weil die Hauswände die Wärme reflektieren.

Weiter ist ein Beet-Oval oder sogar ein Kreisbeet möglich. Für Leute mit besonderem Geschmack und ausgefallenen Ideen kann eine Reihe von Kreisbeeten wie eine Perlenkette sehr reizvoll aussehen. Mit biegsamen Wellplatten ist eine solche Form machbar. Nur muß man dann durch Drahtschlingen im Beetinneren für den nötigen Zusammenhalt sorgen, was auch für die vorgenannten Modelle gilt.

Alle diese Beetformen sollten von Trittplatten umgeben sein, oder von Ziegelstein- oder anderem Pflastermaterial, weil ja der umgebende Mutterboden zur Füllung benötigt wird und man auf geschüttetem Sand nicht gut laufen kann.

Die Höhe richtet sich nach verwendetem Wandmaterial der vorhandenen Füllmaterialien und nach Bequemlichkeit — also zwischen 70 bis 80 cm über Boden-Niveau. Diese Höhe (Tischhöhe) bietet auch älteren oder körperbehinderten Menschen die Gelegenheit, ohne mühevolles Bücken gärtnerische Arbeiten auszuführen, die ihnen auf normalen Beeten in Bodenhöhe nicht mehr möglich sind.

Das Tiefenmaß der Hochbeete sollte, vom Bodenniveau abwärts gemessen, mindestens 40 cm, besser noch 50 cm betragen. So tief muß man den Boden ausheben oder wenigstens einen Graben, in den die Wände eingelassen werden können.

Abb. 2 ▲

Abb. 3 ▼

Nur durch diese tief in den Boden reichenden, als Sperre dienenden Wände kann man vor den schädlichen Wühlmäusen, Ratten, Maulwürfen, Kaninchen und scharrenden Hunden sicher sein. Die schädlichen Wühlmäuse — in unseren Breiten ist die Feldmaus *(Microtus arvalis)* am häufigsten — können diese Tiefe nicht unterminieren. Sie graben ihre Nistbaue normalerweise in 8 bis 22 cm Tiefe, in Ausnahmen auch bis 30 cm oder noch tiefer. Ihre Laufgänge sind immer nahe der Oberfläche und — zum Schrecken des Gärtners — durch aufgeworfene Erde klar zu erkennen. In Hügelbeeten

Abb. 2 (gegenüber): Zum Bau der Hochbeete bieten sich verschiedene Baustoffe an: Alte Eisenbahnschwellen sind senkrecht, aber auch waagerecht als Wände zu verwenden

Abb. 3 (gegenüber): Rundhölzer in Blockhaustechnik gefügt

Abb. 4 (rechts): Billiger und schneller schafft man es mit Wellplatten

Abb. 5 (unten): Selbst mit flexiblen Wellplatten aus bitumisiertem Pappmaterial läßt sich ein Rundling herstellen

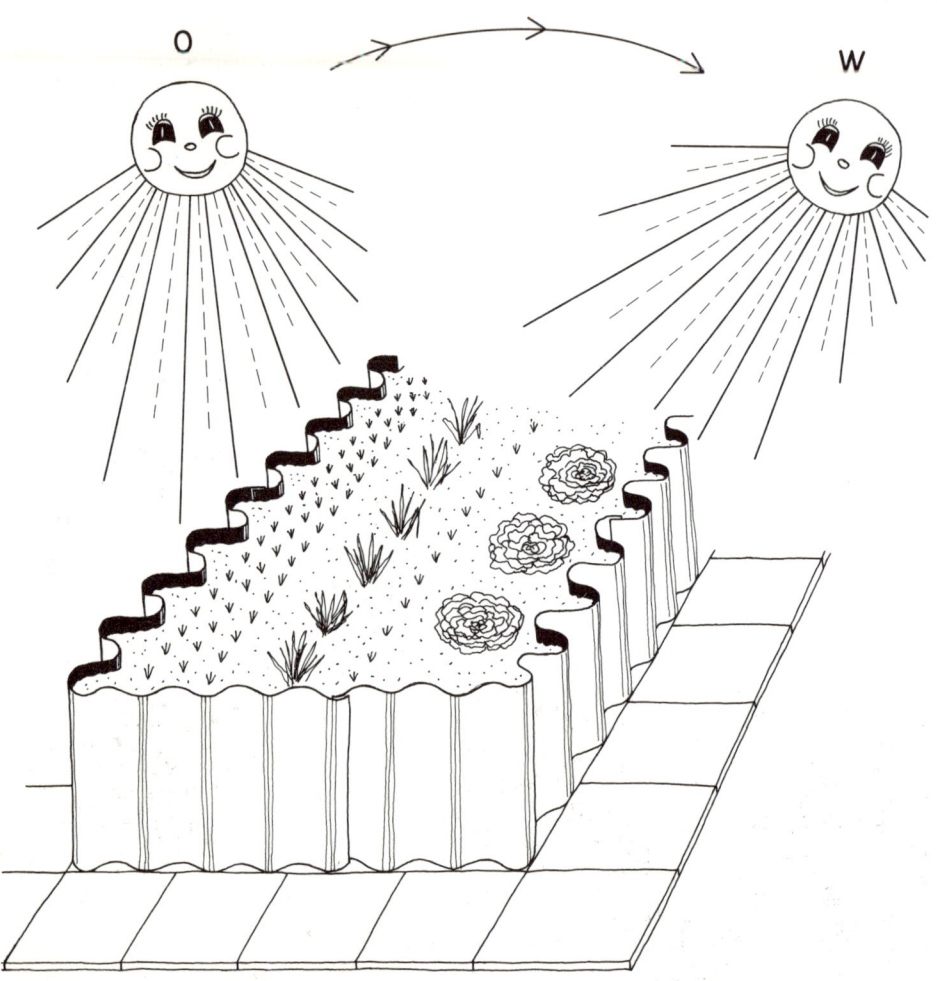

Zeichnung 4: Bei der Wahl der Beetrichtung in Nord-Süd-Richtung kann die Sonnenwärme auf beide Außenwände einwirken. Sie wird von ihnen absorbiert und nach innen weitergeleitet. Der Vorteil liegt auf der Hand: Bei Wärme wächst jede Pflanze schneller und die Erntezeit tritt früher ein. So wird bei richtiger Gemüseartenwahl ein Drei-Ernten-Rythmus möglich. Das Bild zeigt auch deutlich den Bordrand, über dessen Vorteile auf Seite 57 zu lesen ist

tritt die Feldmaus leider oft massenweise auf, unterminiert das ganze Beet und ist schwer auszurotten.

Wahl der Beetrichtung

Wenn man es sich aussuchen kann, halte ich die Nord-Süd-Richtung für die geeignetste. Vorausgesetzt, daß nicht schattengebende hohe Bäume oder Häuser die Zahl der Sonnenstunden beeinträchtigen, streicht der Sonnenstrahl in 12 Stunden (mittlere helle Tageszeit) während der Vegetationsperiode von März bis September/Oktober gleichmäßig von Osten über Süden nach Westen und belichtet die Pflanzen am Vor- und Nachmittag allseitig.

Bei der Ost-West-Richtung muß man bei der Planung seiner Fruchtfolge darauf achten, daß auf der Nordseite des Beetes diejenigen Gemüsesorten stehen, die am höchsten hinauswollen: etwa Erbsen, Dicke Bohnen, Rosenkohl, weil diese sonst zu hohe Schatten auf die hinter ihnen stehenden Pflanzen werfen und sie in der Entfaltung behindern.

Die Regel wird aber sein, daß sich der Kleingärtner nach der Lage seines Grundstücks richten muß und nicht die freie Wahl hat, die Beete nach der Idealrichtung anzulegen, will er nicht wertvolles Gartenland zu toten Ecken degradieren. Also nehmen wir auch eine Zwischenlage, etwa Nordwest-Südost oder Nordost-Südwest in Kauf; in Wirklichkeit ist diese Frage zweitrangiger Art — erleben wir nicht die vielen Wechsel der Wolkenbedeckung während eines Tages? Wir leben doch im gemäßigten Klima und haben Regen, Wolkendecke, Sonnenschein, Trockenheit im munteren Wechsel; diese Faktoren sind für das Pflanzenwachstum viel gravierender als die Lage nach der Himmelsrichtung.

Entscheidet der Bauwillige sich für die Ost-West-Richtung, kann er sich einen Vorteil dadurch verschaffen, daß er sein Beetprofil etwa im Winkel von 20° nach Süden hin neigt. So erzielt er einen günstigeren Sonnenstrahl-Einfallswinkel, wie ihn ja auch viele überglaste Beete in Gärtnereien aufweisen.

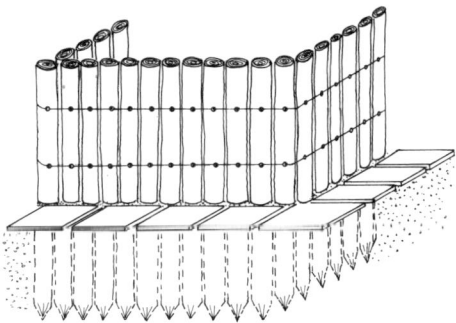

Zeichnung 5: Hochbeet aus Rundhölzern (Palisadeneffekt). Sie müssen aber hochdruck-imprägniert sein, sonst halten sie noch nicht mal 10 Jahre. Auch hierbei ist eine Auskleidung mit kleinmaschigem Draht empfehlenswert, weil sonst Ratten und Mäuse ins Innere gelangen können

Baumaterial für das Hochbeet

Ein Hochbeet ist ein Gartenbauwerk, dessen Lebensdauer Jahrzehnte betragen soll. Das sollte man sich vor Augen halten, wenn man den Entschluß faßt, ein solches Beet im Garten anzulegen. Die wichtigsten Bauteile sind die Wände. Aus welchem Material sollten sie sein?

Wichtig sind Eigenschaften wie Frostsicherheit, Fäulnisresistenz, Korrosionsschutz und (relative) Bruchfestigkeit. Bei einigen Hobbygärtnern löst sich das Problem dadurch, daß sie zufällig und billig an solches Material kommen, das eventuell nach Abbruch eines Gebäudes schon für die Müllkippe bestimmt war. Bei mir fielen anläßlich der Neudeckung meines Hauses 200 Quadratmeter Eternitplatten »als Abfall« an. Zum Wegwerfen waren sie mir zu schade, denn gemäß Siedlerart heißt es doch: »Was größer ist als eine Laus, das nimmt der Siedler mit nach Haus.« Und so kam mir auch die Idee, meine ausgedienten Eternit-Platten für die Hochbeete zu verwenden.

Die meisten »Hochbeet-Bauer« müssen aber zum Baustoffhändler, und der verlangt nun einmal Geld für seine Ware. Damit wird der Hochbeetbau zur Kostenfrage.

Holz ist zwar ein schönes, aber leider auch teures Material. Verwendbar sind nicht etwa einfache Bretter, sondern entweder Kantholz-Bohlen (von wenigstens 4 cm Dicke) oder Rundhölzer von 8 cm Durchmesser an aufwärts. Eine provisorische Lösung wären unbehandelte Fichtenstämme. Spanplatten scheiden wegen der frostanfälligen und wasserlöslichen Verleimung aus.

Holz muß immer gegen Fäulnis imprägniert werden — eine unerläßliche Maßnahme, wenn

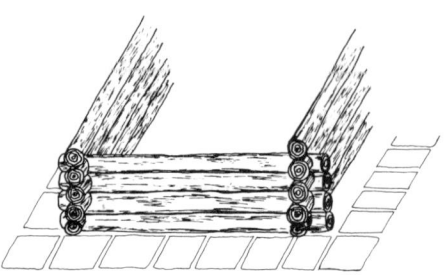

Zeichnung 6: Eine stabile Wandung ist ein Rahmen aus Rundhölzern in Blockhausform, denn Holz und Garten paßt immer zusammen. Einwände, die Lebensdauer betreffend, lese man auf Seite 21 nach

Zeichnung 7: Eine andere Version ist Bohlenholz als Wandmaterial. Man muß aber das Holz auf beiden Seiten mit einem Imprägniermittel streichen, wobei leider dem Mittel ein pflanzenschädigender Phenolduft entströmt. Man kann aber auch im Innern eine Folienmatte auslegen, die oben überstehen muß, weil das Nachrutschen des gesamten Inhalts unvermeidbar ist. Leider ist zu befürchten, daß zwischen Folie und Holz Schwitzwasser entsteht, das das Holz morsch werden läßt

man nicht schon nach drei Jahren den Zusammenbruch der Anlage riskieren will. Nun sind aber alle Fäulnisschutz- und Antipilzmittel gleichzeitig auch starke Pflanzengifte, deren Ausdünstungen eine Beeinträchtigung des Pflanzenwachstums verursachen. Sicher ein bedenkenswerter Nachteil, zumal ja weniger die Außen- als die Innenseite anfällig ist. Und wer will schon den ganzen Beetinhalt wieder ausräumen, um alle zwei Jahre den Anstrich zu erneuern?

Holz ist nur dann jahrzehntelang dauerhaft, wenn es von allen Seiten luftumspült ist, etwa wie die alten, hölzernen Bauernscheunen. Bessere Ergebnisse scheinen die hochdruckimprägnierten Kant- und Rundhölzer zu bringen, bei denen das Imprägnierungsmittel bis ins Holzinnere hineingepreßt wurde. Ein Ausweg ist die Einlage einer Kunststoffolie, die das Beetinnere vom umgebenden Wandholz trennt. Jedoch dürfte das Schwitzwasser, das sich zwischen Holz und Folie bildet, das Holz im Laufe der Zeit morsch werden lassen. Gegen das Eindringen von Nagetieren wie Ratten, Mäusen, Wühlmäusen muß man im Innern der Holzwände sowohl auf der Sohle als auch an den Wänden

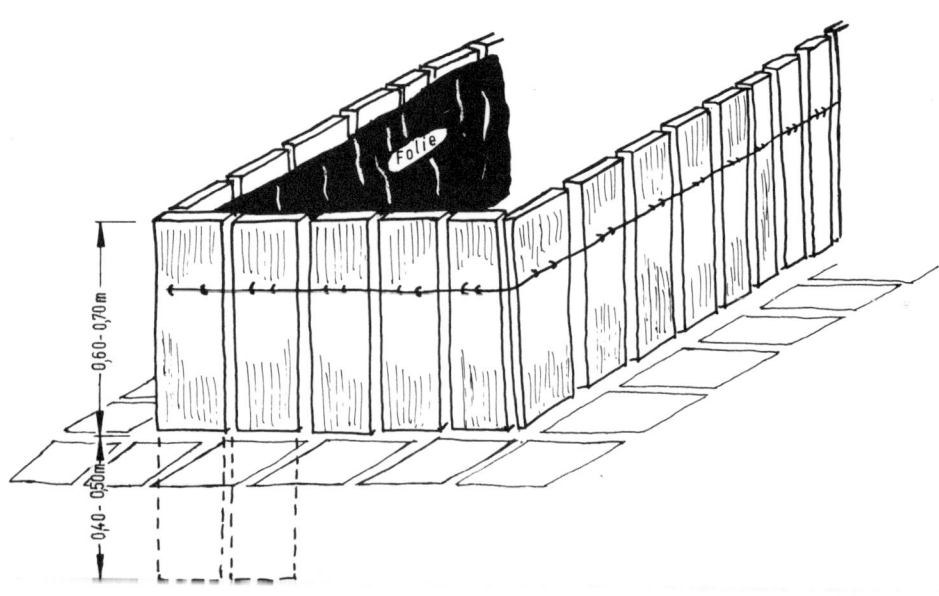

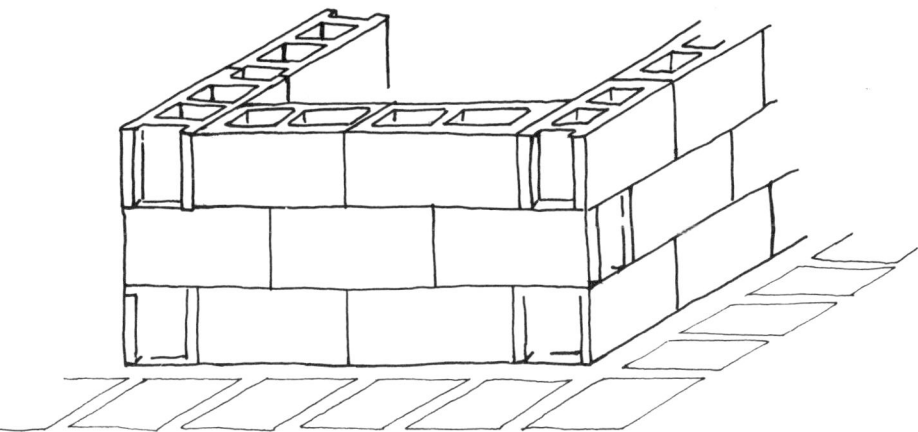

Zeichnung 8: Hohlblock- und Porotonsteine sind deshalb so standfest, weil sie über ein Nut- und Feder-System an ihren Schmalseiten verfügen. Dieser Mechanismus erlaubt es sogar, bei geringer Beanspruchung auch ohne Mörtel eine nahezu stabile Wand zu errichten. Besser wäre es natürlich, mit einer zentimeterdicken Bindeschicht eine hundertprozentige Standhaftigkeit zu erreichen.

Die Innenräume dürfen nicht mit Mörtel ausgefüllt werden, die erwünschte Isolationswirkung würde dadurch verloren gehen. Ob man noch die Außenseiten putzt, ist Geschmackssache

einen engmaschigen, kunststoffummantelten Kükendraht auslegen, am besten doppellagig.

Besser als Holz wären Steinprodukte geeignet: Hohlblocksteine, Porotonsteine oder die guten, altbewährten Ziegelsteine. Mit Hohlblocksteinen ginge das Aufmauern am schnellsten vonstatten; sie beanspruchen aber wegen ihrer Breite wertvollen Gartenplatz, der doch möglichst gärtnerisch genutzt und nicht verbaut werden soll.

Jedoch seien zwei wesentliche Vorteile nicht verschwiegen: Die Hohlräume in den Steinen isolieren. Sowohl bei großer Hitze als auch im frostigen Winter bietet diese Isolation einen spürbaren Schutz vor Überhitzung und vor Frost-Sprengung, die im Winter infolge wasserhaltiger Erde im Beetinnern bei unseren Hochbeeten eine nicht zu unterschätzende Gefahr bedeuten kann. Von Geologen wird diese Erscheinung Spaltenfrost genannt, der über so starke physikalische Kräfte verfügt, daß z. B. im Gebirge ganze Bergflanken abgesprengt werden. Ursache ist die Anomalität des Wassers, das bei 4 °C die höchste Dichte aufweist und

sich volumenmäßig ausdehnt. So wirkt Eis in Gesteinsspalten auseinanderkeilend.

Der zweite Vorteil der Hohlblocksteine ist die Sitzmöglichkeit am Rande des Beetes — für ältere Menschen eine nicht zu unterschätzende Bequemlichkeit, wenn ihnen etwa aus Gründen einer Bewegungsbehinderung selbst stehend verrichtete Jät-, Hack- oder Häufelarbeit schwerfallen.

Für die Poroton-Steine ließe sich ähnliches wie für Hohlblocksteine sagen, nur daß sie schmaler und auf den Quadratmeter umgerechnet etwas teurer sind. Wenn wir den ästhetischen Gesichtspunkt — den die ungeputzte Fassade der äußeren Beetwände bietet — mal außer acht lassen, so ist die Nützlichkeit unbestritten: solche gemauerten Wände sind winter- und säurefest, pflanzenneutral und stabil.

Äußerlich schöner anzusehen, dazu noch platzsparender hinsichtlich der Wandbreite, wäre eine aus Ziegelsteinen aufgesetzte Mauer. Auch sie bietet Sitzmöglichkeit und besitzt alle Vorzüge der vorgenannten anderen Steine. Vielleicht hat ein Leser dieser Zeilen ein abbruch-

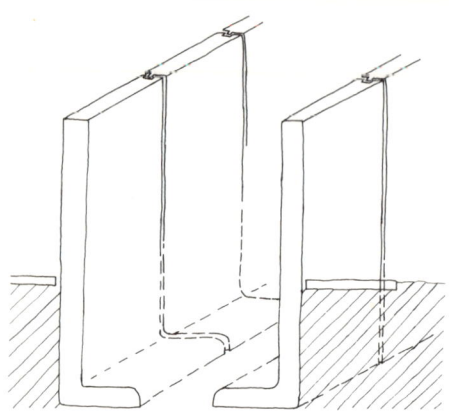

Zeichnung 9: Das teuerste, aber auch dauerhafteste Baumaterial sind Betontraversen (sogenannte L-Steine)

schon stabil zu sein: jede Welle fängt durch ihre Flanken den Außendruck mit der Gegenwelle auf ihren Seiten auf und gibt die Druckbelastung an die nachfolgende weiter; sie vereint statisch die stabilste Form einer Röhre mit einer Fläche. Jede Welle hat man sich als senkrecht durchschnittene Röhre vorzustellen und eine ganze Platte mit solchen Wellen verleiht ihr eine fast bruchfeste Stabilität.

Selbst die dünnsten Wellplatten erweisen sich als Wandung für Hochbeete geeignet: da

reifes Gebäude in der Nähe und nimmt die Putzarbeit der benötigten Ziegelsteine auf sich?

Am teuersten, aber auch am dauerhaftesten, sind Betontraversen, sogenannte L-Steine, die zum Abfangen von Böschungen benutzt werden. Sie sind praktisch nicht umwerfbar, weil mit dem kurzen, in 90° angesetzten Winkel und den senkrecht wirkenden Bodenmassen die seitlichen Schubkräfte abgefangen werden. Zudem haben sie noch eine 8 bis 10 cm breite Oberkante, die ein Abstellen von Korb oder Schüssel und das Sitzen erlaubt. Durch Nut- und Federverbindung erhält die Mauer zusätzliche Standfestigkeit. Beton ist säurefest, korrodiert nicht − ein Ewigkeitsbaustoff. Es gibt diese L-Steine in hochbeetfreundlichen Sorten (1 m und 1,20 m Höhe). Sie sind mit einer kleinen Sackkarre für einen Mann allein zu transportieren und zu verarbeiten. Zwei Leute wären natürlich besser.

Kommen wir zu der letzten Gruppe der möglichen Baustoffe: die Platten. Sie erscheinen deshalb favorisiert, weil sie von der aufzuwendenden Arbeitszeit am schnellsten zum Erfolg führen. Ich denke vor allem an Wellplatten, die gewöhnlich in Formaten von 2 × 1 m Größe und in verschiedensten Ausgangsmaterialien angeboten werden. Diese Wellplatten haben den großen Vorteil, allein durch ihre Wellung

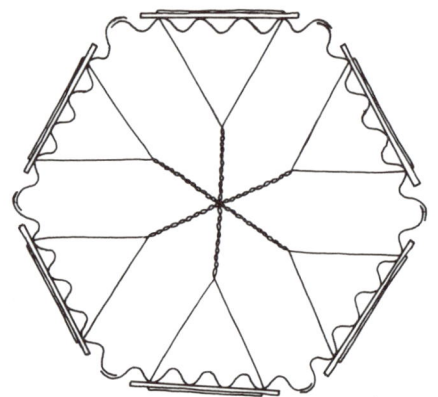

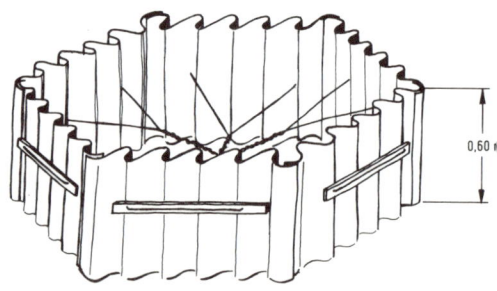

0,60 m

Zeichnung 10: Grundriß (oben) und Aufriß (unten) eines sechskantförmigen Hochbeetes unter Verwendung von Wellplatten. Die Drahtverspannungen im Innern sorgen für Stabilität. Durch Rödelung der Drahtschleifen erzielt man die richtige Spannung. Aber erst dann rödeln, wenn mindestens die Hälfte der Packmasse eingefüllt ist. Durchmesser nicht über 1,60 m wählen, sonst wird das Erreichen der Beetmitte bei den Gartenarbeiten schwierig

24

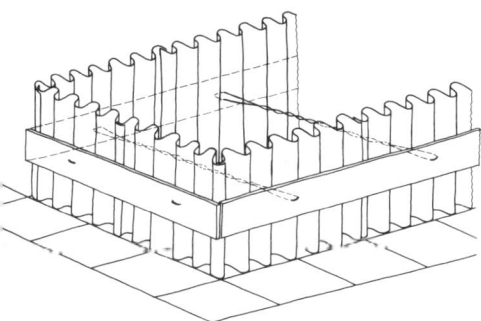

Zeichnung 11: Baut man ein Kastenbeet mit einem flexiblen Wellplattenmaterial (Ondoline, Gutalit, Organit, Skobalit), müßte man, um ein Ausbuchten der Außenwände zu vermeiden, ein (oder zwei?) Bretter an allen 4 Seiten in ca. 30 cm Höhe über Bodenniveau anbringen. Diese sind durch quer durchgehende Drahtschleifen miteinander verbunden. Man muß auf der Sohle und an den Innenseiten zur Abwehr von Wühlmäusen eine Lage engmaschigen Kükendrahts auslegen. Die Nager könnten sonst die dünnen Wände durchbeißen und ins Innere gelangen

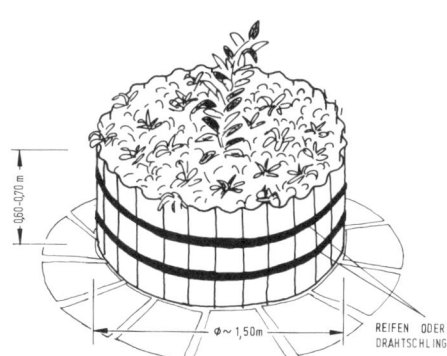

Zeichnung 12: Rundbeete, wie eine Perlenkette hintereinander oder seitlich versetzt im Garten plaziert, nehmen dem Gemüsegarten den Eindruck bloßer Nützlichkeit. Auch Gemüsepflanzen können farbige Akzente setzen. Rote Beete neben weißen Kohlrabis zu einem gefälligen Bild komponiert − wäre das nicht mal ein lohnender Versuch?

Rundum-Ringe, aus witterungsbeständigem Nylonband um die Rundbeete gezogen, garantieren die Fasson des Beetes

gibt es z. B. die Kunstharz-glasfaserverstärkten Fabrikate Skobalit, Organit usw., die luftundurchlässig sind und genügend Stabilität haben, wenn sie durch mehrere Drahtschlingen zusammengehalten werden (siehe Zeichng. 10 und 11). Dasselbe gilt für die preisgünstigsten Produkte: bitumisierte Preßpappen, etwa die Fabrikate Ondoline oder Gutalit, die auch für Beete in Kastenform verwendet werden können.

Die über das Bodenniveau hinausragenden Flächen neigen jedoch leider zu Ausbuchtungen. Durch Langbretter, die ca. 30 cm über dem Boden angebracht werden sollten, bleiben die Beete aber in Form. Dann müßte man die Innenseiten wie bei Holzmaterial mit kleinmaschigem Draht auskleiden (wegen der Wühlmausgefahr).

Denkbar sind auch gewellte Bleche, wie sie für das Decken von Bauernscheunen verwendet werden. Durch rostsichere Anstriche sind sie dauerhaft zu machen und zu unseren Zwecken zu gebrauchen; sie sind jedoch teurer als Eternit. Am umstrittensten, aber auch am praktischsten, hat sich die asbestzementhaltige Wellplatte (verschiedene Fabrikate, u. a. Eternit) erwiesen. Umstritten ist dieses Material deshalb, weil sich der Stoff Asbest als krebserzeugend und damit tödlich erwiesen hat. Die Asbestose befällt vornehmlich jene Menschen, die auf längere Zeit und intensiv dem Asbeststaub ausgeliefert sind, also Fabrikarbeiter oder Verarbeiter dieses Produkts.

Trifft das auch auf den Hobbygärtner zu, der diese Platten für seine Beete verwenden will? Wohl kaum, weil er höchstens für wenige Minuten mit dem Staub in Berührung kommt, wenn er Löcher bohrt oder mit der Trennscheibe die Platten zuschneidet. Dabei kann er sich aber einen Atemschutz umbinden, etwa solchen, wie ihn Ärzte benutzen.

Aber könnten die Pflanzen denn mit ihren Wurzeln nicht doch Asbestpartikelchen aufnehmen, die durch Verzehr solchen Gemüses mit in den Magen-Darmtrakt des Menschen gelangen? Nach Auskunft des Pflanzenschutzamtes Hamburg erscheint dies »nahezu unmöglich«, weil Asbestpartikelchen kein pflanzenverwertbares Mineral sind, und selbst wenn sie sie tatsächlich aufnehmen sollten, dann so um-

Übersicht 1: Material für Hochbeetwände. Seit kurzem sind feuerverzinkte Stahl-Steck-Konstruktionen eigens für Hochbeete im Handel

	Stein	Holz	Wellplatten
höhere Preislage	Beton -Traversen (L - Steine) 18 cm 25 cm	Eisenbahnschwellen	Aluminium - oder Stahlplatten Organit
mittlere Preislage	Hohlblocksteine	druckimprägnierte Rundhölzer ∅8 - 10 cm	asbestzementhaltige (Eternit) oder asbestfreie (Dolanit) Piatten in Form der '' Berliner Welle ''
untere Preislage	viertel - oder halbsteinig aufgesetzte Ziegelsteinverbände	Kanthölzer 4 x 20 cm (Bohlen), selbst zu imprägnieren	bitumisierte Preß - pappen, flexibel (Gutalit, Ondoline), fixiert mit Kunst - stoffgurt

gewandelt werden, daß ihre Struktur völlig verändert wäre. Außerdem ist nach heutigen Erkenntnissen nur das Einatmen von Stäuben gesundheitsgefährdend, nicht aber die Passage von asbesthaltigen Substanzen durch Mund- und Speiseröhre und den Verdauungstrakt.

Erst jüngst ist eine Wellplatte der gleichen Firma auf den Markt gebracht worden, die den Namen »Dolanit« trägt und auch die »Berliner Welle« als Formgebung hat. Sie ist asbestfrei.

Der Bauherr sollte noch weiteres Material besorgt haben: die Wegeplatten oder Pflastersteine für den Gehweg, den Füllsand, nylonumspannten 6 mm² Draht, 25 m Länge je 8-m-Beet genügt. Maschinen, Schrauben 8 × 500 mm, Unterlegscheiben, Werkzeug: Bohrmaschine mit 8 mm Bohrer, Wasserwaage, Zollstock, Maurerschnur, Fäustel, Flex-Scheibe, Beil und Säge.

Zum Zerkleinern des Zweigholzes hat sich ein Gartenhäcksler bewährt. Man schafft sich aber zweckmäßigerweise ein Gerät von mindestens 1600 Watt an, wenn man nicht gleich zu einem Hammergerät übergeht, das auf Dauer am robustesten ist. Man kann auch − nur für Nostalgiker! − das beliebte kleine Hackebeilchen nehmen. Es dauert zwar länger, ist aber viel gesünder.

Zurück zur Kostenfrage. Natürlich haben sowohl Steine als auch Wellplatten ihren Preis. Da fragt sich mancher; lohnt sich diese Ausgabe überhaupt? Hole ich denn soviel Nutzen aus dem Beet heraus?

Für ein 7 m langes, 1,30 m breites Beet wurden 1982 (für Eternitplatten, Gehwegplatten, Füllsand und Nebenmaterial) DM 462,35 ausgegeben. Ein Gewächshaus gleicher Grundfläche kostet wenigstens das Doppelte, Heizung, Ventilator samt elektrischer Installation nicht mitgerechnet; selbst ein simpler Schnellkomposter kostet ungefähr 150–200 DM. Und wenn man für einen Rasenmäher um die 500,- DM zahlen muß, wird jedem klar, daß auch Gartenfreude ihren Preis hat.

Was den Nutzen beim Hochbeet angeht: schon mit 60 m² Pflanzfläche werden sie — umgelegt auf einen Drei-Personen-Haushalt mit Tiefkühltruhe — ein Gemüse-Selbstversorger, den Kartoffelbedarf ausgenommen.

Nun dürfen sie einmal rechnen, wenn sie davon ausgehen, daß ihr Hochbeet ein Jahrzehntbeet ist — mit stetig wachsender Humusschicht, sparsamem Düngerbedarf und weitgehendem Verzicht auf Pflanzenschutzmittel. Ich habe es für sie getan: heutige Gemüsepreise zugrundegelegt, hat sich ihr eingesetztes Kapital schon nach drei (!) Jahren amortisiert. Danach arbeiten sie mit Gewinn!

Bauen und Füllen des Hochbeetes

Kann man die Abmessungen frei bestimmen, rate ich zu folgenden Maßen: Länge 10 m, Breite 1,30 m, Höhe 0,75 m, Tiefe 0,40 bis 0,50 m. Die Länge entspricht nach meinen Erfahrungen der Füllung einer Samentüte. Die Höhe und Breite erlauben bequemes Arbeiten. Dazu werden benötigt: 25 Wellplatten 1,25 m lang und 1,00 m breit. Man lege mit Winkel, Schnur, Zollstock und Pflöcken die Beetumrisse fest. Wer keinen Winkel hat, kann auch eine Platte nehmen, die an den Ecken sogar vier rechte Winkel besitzt.

Als nächstes steche man senkrecht entlang der Schnur die Erde mit dem Spaten ab, bitte exakt, denn von dieser Genauigkeit hängt die Senkrechte der Platten ab, die nach Aushub der Grube als »Anlehnung« dienen.

Man sortiere nach Bodengüte: belebter, also Mutterboden nach der einen, toter Unterboden nach der anderen Seite. Schon diese Erdbewegung hat eine positive Folge: zweimaliges Schaufeln läßt jeden Erdkrümel mit Luft in Berührung kommen, außerdem: Lockerung schafft Voraussetzung für günstiges Bakterienleben.

Aushub 45 bis 50 cm Tiefe: Bei nicht waagerechtem Boden mit Meßlatte/Wasserwaage nivellieren — kann aber auch vernachlässigt werden, wenn später beim Einsetzen der Platten die Oberkante ausgewogen wird. Immer wieder die senkrechten Seitenwände der Grube überprü-

Abb. 6: Ohne Schnur und Wasserwaage geht es beim Bau der Wände nicht. Es genügt aber *ein* Bohrloch, um zwei Platten miteinander zu verschrauben. Nach einem Tag ist der äußere Rahmen eines Hochbeets fertig

fen; sie müssen parallel zueinander liegen, d. h. immer den gleichen Zwischenabstand haben.

Wenn Sie jetzt, von einer Kopfseite beginnend, die ersten 1,50 m herausgeholt haben, dürfen Sie sich eine Pause gönnen. Jetzt ist nämlich ein Arbeitswechsel fällig: Nun beginnt der Bau der Wände für diesen ersten Abschnitt. Warum? Weil wir uns dadurch die Möglichkeit schaffen, den Aushub des nächsten Abschnittes bereits als Füllmaterial beim Packen des ersten Abschnittes zu verwenden.

Die Wandstücke sind auf 1,00 bis 1,20 m Länge geschnitten, Wellen stehen senkrecht. Das erste Stück an die Grubenwand anlehnen, rechtwinklig dazu ein Kopfstück miteinander an der Endwelle überlappen. Mit Wasserwaage ausweisen. Beide Endwellen ca. 15 cm vom

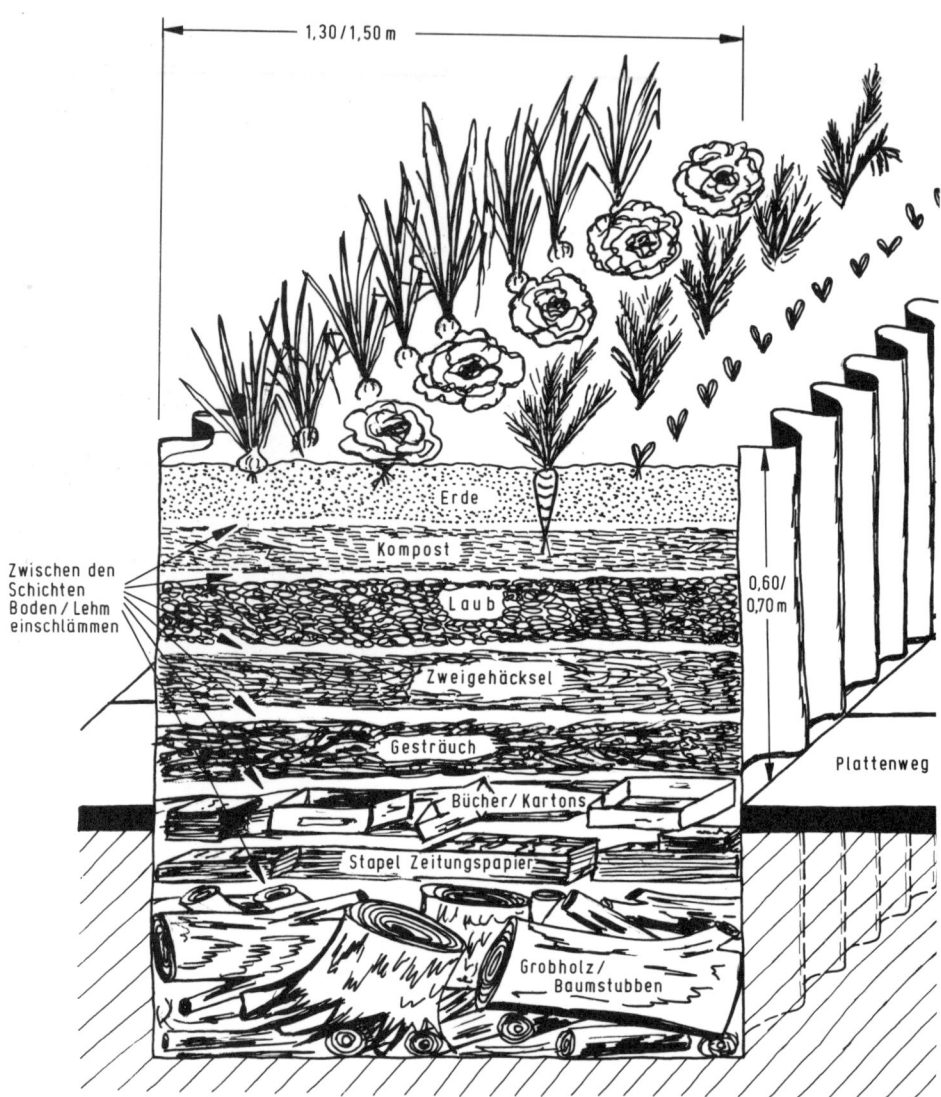

Zeichnung 13: Das Bild zeigt die schichtenmäßige Packung des Hochbeets im Idealfall. In der Praxis gerät oft genug beim Füllen eines mit dem andern durcheinander. Schon nach 1–2 Jahren würde es nicht mehr so aussehen, denn die Bodenorganismen durchmischen das Ganze völlig. Je besser die Durchmischung und homogener der Boden, desto fruchtbarer das Beet

oberen Rand gemessen gemeinsam mit 8 mm Bohrer durchbohren, Schraube rein, Mutter drauf, mit Maulschlüssel leicht anziehen. Nicht »anknallen«, Bruchgefahr! Nächste Platte am Kopfstück zuschneiden – je nach Maßgabe der gewünschten Beetbreite. An Überlappung denken! Mit Wasserwaage wiegen, festschrauben. Jetzt kommt rechtwinklig daran das erste Plattenstück der Gegenseite, so daß ein – U – aus Platten entstanden ist. Kontrolle mit Wasserwaage nach der Senk- und Waagerechten. Nun sind zwei Fixpunkte gerichtet, an denen wir eine Maurerschnur befestigen können, um künftig auf die Wasserwaage verzichten zu können – wenn an der gegenüberliegenden Kopfseite behelfsmäßig zwei Pflöcke in die Erde getrieben worden sind, an denen die Schnur befestigt wird.

Neue Phase: wir packen. Man beginnt unten mit dem Dicksten: Baumstubben, Balkenstücke, Stamm-Abschnitte, auch Zeitungsstapel können hier in Zwischenräume verstaut werden.

Je gröber diese Füllstoffe, desto tiefer müssen sie gepackt werden. An Hackklötzen und Baumstubben haben nämlich die Boden-Lebewesen etwas länger zu knabbern und sie bilden deshalb eine Rotte-Reserve, weil sie zuunterst liegen und deshalb am wenigsten Atemluft abbekommen. Sie sind selbst im Winter noch belebt und gleichermaßen ein Ofen auf Sparflamme. Zu den Füllstoffen können auch ein bis zwei Kubikmeter Lehm oder Füllsand pro 10 m-Beet gehören, die als Streckung des Mutterbodens dienen. Wegen seines Mineralreichtums kann der Lehm mit dem Mutterboden vermischt werden. Den Füllsand schaufele man in die mittleren Partien, wo er wegen seiner Porosität als luftdurchlässige Schicht seinen Dienst tut. Darauf kommt unzerkleinertes Gesträuch, das mit den Füßen heruntergetreten werden muß. Nachdem der Mutterboden des nächsten Meters beiseite geschaufelt wurde, werfen wir jetzt Unterboden des nächsten Abschnitts, von dem wir eben die Mutterbodenschicht abgehoben haben, auf das heruntergetretene Gesträuch. Schon nach ein paar Schaufeln ist das bisherige um ⅓ zusammengepreßt, somit haben wir einen Arbeitsgang gespart. Wieder eine Strauchschicht, diesmal aber etwas kürzer geschnitten oder Zweigstücke, zerkleinertes Holz,

das wir in Stiegen dicht gestapelt haben. Wieder (jetzt schon den restlichen) Unterboden darüber.

Und nun geht es in diesem munteren Turnus weiter: rechts und links neue Platten einsetzen, ausrichten, packen, Gesträuch und Unterboden-Erde darüber, neuen Meter ausheben ... usw., bis man das Ende des Beetes erreicht hat und die andere Kopfseite »steht«.

Bisher haben wir noch nicht den Wasserschlauch eingesetzt, um nicht mit den Füßen in einem See zu stehen. Jetzt heißt es: »Wasser marsch!« Wir schlämmen den locker aufgebrachten Unterboden mit dem Wasserstrahl ein, damit – zwar nicht überall, aber doch an einigen Punkten – Bodenschluß entsteht. Der ist wichtig, weil wir künftig die erwünschte Bodenfeuchtigkeit nicht nur durch Wässern von oben, sondern auch durch kapillares Aufsteigen der überall herrschenden Feuchte unten, vom Grundwasser her, erzielen wollen.

Wir brauchen nicht zu befürchten, daß durch dieses Schlämmen eine pflanzenschädliche Verdichtung stattfindet – es bleiben noch genügend luftgefüllte Kammern übrig, die für das Funktionieren des Hochbeetes so wichtig sind. Dafür sorgen schon die vielen Äste, Zweige und Zweiglein. Sie liegen kreuzweise fast meterdick über- und untereinander und bei jeder Überschneidung entstehen tausendfach die kleinen Höhlungen. Sie werden durch den herabfließenden Schlamm nur zu einem Teil zugesetzt, viele bleiben jedoch erhalten und sorgen für den »Hochbeet-Effekt«. Das heißt: Nach abgeschlossener Füllung entsteht ein luftiger Beetkörper. In ihm werden die aerobisch lebenden Mikroben, das sind die luftliebenden Kleinstlebewesen, bis in Metertiefe mit Atemluft versorgt. Für das Bakterium »Azotobacter« ist das Beetinnere das reinste Schlaraffenland. Es kommt zu regsamer Aktivität, vermehrt sich milliardenfach und dankt es dem Hochbeetgärtner auch noch durch die Produktion des pflanzenaufnahmefähigen Nitrats, ein Stickstoffdünger (NO_3), der auch unter dem Namen Salpeter bekannt ist.

Nachschub für den relativ schnell verbrauchten Sauerstoff liefern zunächst die vielen entstandenen Luftkämmerchen. Danach kommt die Ventilation, der Gasaustausch, in Gang, auf den ich noch näher eingehen werde.

Abb. 7 (oben): So wird gepackt: Zuunterst legt man das Grobholz – Baumstubben, Kanthölzer, Stammabschnitte usw., wie man sie vorher gesammelt hat

Abb. 8: Darauf kommt unzerkleinertes Strauchholz, das mit Erde bedeckt wird. Auch Zeitungsstapel haben hier ihren Platz

Abb. 9: Beschichtung mit Zeitungspapier
Abb. 10 (unten): Nach oben hin muß es immer feiner werden, denn tiefwurzelndes Gemüse verlangt einen nährstoffreichen Boden, der mit Kompost angereichert wird. Einschlämmen mit dem Wasserschlauch schafft den nötigen Bodenschluß

Abb. 11: Beiderseits angebrachte Folie garantiert bei Holzwänden eine längere Lebensdauer und erübrigt die Verwendung von Imprägnierungsmitteln

Wichtig ist eins: wenn Sie nach dem Einschlämmen jetzt noch einmal das Geäst niedertreten, werden Sie das Gefühl haben, auf Hochmoorboden zu spazieren: es ist ein elastischer Tritt, nachgebend, wieder hochkommend — federnd. Ein Beweis für das oben Gesagte: Tausende von Luftkammern lassen sich zusammenpressen und nehmen wieder ihre alte Lage ein, wenn der Druck nachläßt.

Nun zur weiteren Füllung: Es kommen jetzt die vom Umfang her gesehen mittleren Teile ins Beet: hammerstielgroße Knüppel, kleingehacktes Gesträuch und dazwischen immer mal wieder eine Schaufel Mutterboden, den wir dem beiseite gelagerten Haufen entnehmen. Auch Zeitungspapier, jetzt nicht mehr in ganzen Stapeln, sondern in ausgefalteten Lagen und vorher angefeuchtet, hat hier seinen Platz. Alles wird, je höher die Packung wächst, mit immer

mehr Mutterboden bedeckt. Wir werden mit Erschrecken feststellen, daß das Loch, das wir uns geschaffen haben, unersättlicher ist als vorausberechnet. Woher denn die Erdmassen nehmen?

Nun ist der Zeitpunkt gekommen, wo wir — da etwa zwei Drittel der Füllung schon im Kasten sind — unsere Reserve angreifen können: den Mutterboden im Außenbereich der Wände. Wir heben deshalb diese Schicht begleitend mit der Beetschicht im Innern schrittweise aus. Dann schütten wir, den entnommenen Boden ersetzend, außen Sand auf, den wir dann mit Wegplatten belegen oder pflastern.

Haben wir mit der Füllung einen Pegel von 30 cm, von oben gerechnet, im Beet erreicht, beginnen wir mit der Verspannung. Zwei Bohrungen um eine nach außen zeigende Welle nehmen den 6 mm PVC-kunststoffummantelten Stahldraht auf; auf der Gegenseite dasselbe, in der Mitte dann beide Enden verbinden und mit einem Knebel (Schraubenzieher) so lange rödeln, bis diese Drahtschleife stramm sitzt. Man merkt den richtigen Zeitpunkt zum Aufhören an dem Zueinanderkommen der gegenüberliegenden Platten — die sich wie eine Schraubzwinge verhalten.

Der Mindestabstand von Schlinge zu Schlinge ist 1 m. Zum Arbeiten muß man natürlich das Beet betreten. Das geschieht aber hierbei zum letzten Mal. Ab jetzt heißt es: »Betreten des Bodens verboten«. Denn jeder Tritt bedeutet Verdichtung. Außerdem ist es gar nicht nötig, denn wir können auf Plattenwegen bequem um das Beet herumgehen und von allen Seiten die nötigen Gartenarbeiten erledigen — ohne uns bücken oder verrenken zu müssen. Umgraben entfällt sowieso, denn uns genügt ein oberflächliches Durchziehen mit dem Sauzahn oder Dreizack, und wir erhalten so die Schichtenlage, in der jede Schicht je nach Luft-, Licht- und Temperaturbedarf ihr eigenes Ökosystem, d. h. die ihr allein spezifischen Tier- und Pflanzenorganismen besitzt. Umgraben würde eine Störung dieses Systems bedeuten, bei der Millionen von Kleinstlebewesen umkommen. Zudem erhalten wir mit dem Durchziehen die Bodenfeuchtigkeit, weil wir nicht die mikroskopisch kleinen Kapillarröhrchen darunter zerstören, in denen die Bodenfeuchte von unten her aufsteigt.

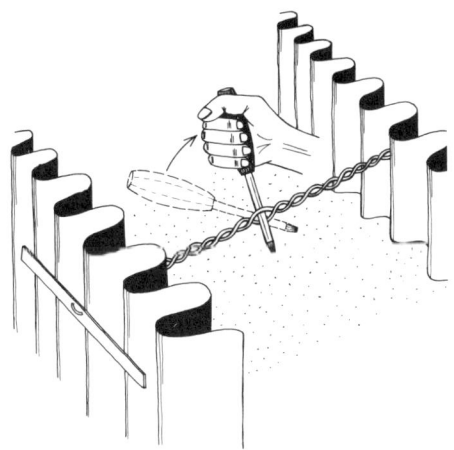

Fruchtbarkeit und Ertrag des Hochbeets

Stellt man einen Vergleich zwischen Flach-, Hügel- und Hochbeeten hinsichtlich der Erntemengen an, bezogen auf gleiche Grundfläche, so bleibt das Hochbeet eindeutiger Sieger. Ich habe alle drei Beetarten durchprobiert. Natürlich nicht während derselben Zeit, sondern nacheinander in mehreren Jahrzehnten. Die Ergebnisse der Ernten wurden aber immer auf dem gleichen Platz erzielt, nämlich in der ca. 100 m^2 großen Gemüseecke meines Gartens. Daher verbürge ich mich für die Richtigkeit folgender Beurteilung: Auf ein Zahlenverhältnis gebracht, verhalten sich die Erträge von Flach-, Hügel- und Hochbeeten wie 1 : 2 : 3. Diese annähernde Verdoppelung der Ernten von einem Beettyp zum anderen bezieht sich auf das Gewicht des eingebrachten Gemüses und schließt die Mehrerträge durch Dreifachernten pro Jahr mit ein. Außerdem bestätigen meine Familie und Gäste, daß sich auch Qualität und Geschmack des Gemüses erheblich verbessert haben.

Zählt man bei den Hochbeeten außer der Fruchtbarkeit noch die Bequemlichkeit, die jährlich wachsende, düngersparende Dauer-Humusschicht, die Ungeziefer-abweisende Bauart und den umweltfreundlichen Recycling-Effekt hinzu, weil ja eine große Menge »Abfall« zum Bau des Beetes verwendet wurde, so kann festgestellt werden, daß die Hochbeetkul-

Zeichnung 14: Rödeln einer Drahtschleife. Man spürt den richtigen Zeitpunkt zum Aufhören an der Bewegung der sich gegenüberstehenden Platten. Wenn der Draht stramm sitzt, erfüllt er die Aufgabe eines Stabilisators gegen den nach außen wirkenden Erddruck. Besonders im Winter bei Frost ist die Gefahr des Driftens groß

Zeichnung 15: Grundriß eines Wellplatten-Hochbeetes mit Drahtverspannungen, die Frostdehnungen entgegenwirken sollen. Die in ⅔ Höhe über Bodenniveau angebrachten Drahtverspannungen (eigentlich eine gerödelte Doppelschleife) sorgen auch bei Frost für den Zusammenhalt der gegenüberliegenden Wände. Pro Platte genügt eine Drahtschleife, wenn sie in der Plattenmitte zwischen den Überlappungen, also alle 90 cm, gezogen wird

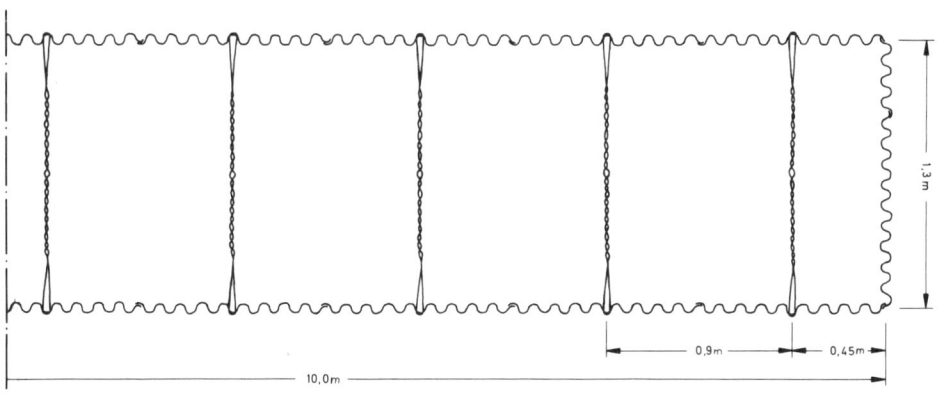

1,3 m

0,9 m   0,45 m

10,0 m

tur die zweckmäßigste Anlage des Freiland-Nutz-Gartenbaus für den Hobby-Gärtner ist.

Infolge der Wärmeproduktion im Innern – anfangs durch Heubakterien verursacht, deutlich über 40 °C und später nach Ende dieser hitzigen Verrottung immer um 2 °C über der Temperatur der Erde der flachen Umgebung liegend – wächst das Gemüse schneller als das von Flachbeeten. Diese rund 2 °C höhere Temperatur mag dadurch verursacht sein, daß die Verrottung des organischen Materials nicht schlagartig auf einmal vor sich geht, sondern sich Nester schneller und langsamer Verrottung bei der Füllung gebildet haben. Langsame Verrottung ist sicher bei Holzklötzen und Stammabschnitten anzunehmen. Dieses Grobmaterial liegt auf der Beetsohle, also am tiefsten Punkt der Füllung, und bekommt nur noch geringe Mengen Luft zugeführt. Um so mehr sind hier die anaerobischen Mikroben, die fast luftunabhängigen, am Werk. Auch sie sind eine Heizquelle von langdauernder Wirkung, wenn auch nur mit mäßiger Wärme. Eine zweite Ursache der geringerhöhten Wärme ist sicher die isolierende Wirkung der Luftkammern, die durch die Packung entstanden sind. Die normale Erdtemperatur in 1 m Tiefe beträgt 9 °C (Höhlentemperatur). Diese relative, pflanzenunfreundliche Tiefenkühle wird durch die höchstlebendige, aufliegende Humusschicht abgehalten, in der ja infolge Krümelstruktur luftgefüllte Zwischenräume weitere Isolation ausüben und wärmeerhaltend wirken.

Zum dritten resultiert die konstatierte höhere Temperatur des Beetinnern aus der Sonnenstrahlung auf die Außenwände. Ein dunkler Anstrich der Wellplatten absorbiert die Wärmestrahlung und leitet sie nach innen ab. Die höhere Bodentemperatur läßt natürlich die Saaten schneller keimen und die Gemüsepflanzen früher reifen – wenn nicht eine länger dauernde unfreundliche Witterung (Regen, Kühle) diese Vorteile wieder zunichte macht. Drei Ernten pro Jahr und Beet sind aber in normalen Jahren durchaus möglich.

Mehrfach-Ernten pro Jahr auf Hochbeeten

Vor 20 Jahren wußte der Kleingärtner noch, daß Salat, im Mai gesät, im Juni/Juli zu festen Köpfen herangewachsen ist. Er wußte auch, daß das Spinatbeet früh bestellt werden mußte, um »Schösser« zu vermeiden. Heutzutage weisen die Samenkataloge für jede Gemüseart eine Sorten-Vielfalt aus, die die überkommenen Aussaattermine geradezu auf den Kopf stellen. Es gibt Salatsorten, die sowohl als Vorfrucht, solche die als Nachfrucht, aber auch über die Hochsommerzeit kultiviert werden können. »Normaler« Spinat, der eine Langtagspflanze ist, kann nur im Herbst oder Frühjahr angebaut werden, einen Ersatz für die Sommerkultur liefert der »Neuseeländer Spinat". Sie sehen, daß die Aufstellung nur Richtwerte, nicht aber Sortenempfehlungen geben kann. Jeder angehende Gemüsegärtner müßte sich auf der Rückseite der Samentüte selbst über die Anbaubedingungen informieren und seine Entscheidungen treffen. Ihm bleibt es auch nicht erspart, die für seinen Garten, für dessen geographische Gegebenheit und für seinen Boden geeignete Sortenart selbst herauszufinden – freilich unter Inkaufnahme von Mißerfolgen. Die stellen sich dann ein, wenn das Wetter in einem Jahr mal nicht mitspielt – oder wenn eine Samenfirma eine Sorte propagiert, die zwar auf der Bodensee-Insel Reichenau (ein Gemüse-Paradies) prächtig gedieh, im norddeutschen Tiefland aber anfällig für diverse Krankheiten ist. Man schreibe sich gute Erfolge oder Mißerfolge hinterher auf, um für die nächsten Jahre besser disponieren zu können. Alles freilich unter Berücksichtigung der in den folgenden Kapiteln dieses Büchleins vorgeschlagenen Kulturmethoden wie Fruchtfolge, Mischkultur, Kompostierungsempfehlungen, Verträglichkeiten verschiedener Gemüsearten untereinander, Sonnenlage des Beetes, Humushaltigkeit des Bodens, Düngevorrat usw.

Übersicht 2–4 (Seite 35–37): Beispiele für Kulturfolgen in Mischkulturen auf vierreihigen Hochbeeten im Laufe eines Gartenjahres

Übersicht 5 (Seite 38): Beispiel für Kulturfolgen Mischkulturen auf einem dreireihigen Hochbeet im Laufe eines Gartenjahres

Jan.

Feb.

März

April

Mai

Juni

Juli

Aug.

Sept.

Okt.

Nov.

Dez.

Radieschen

Sellerie

Radieschen

Buschbohnen

Buschbohnen

Zucchini

Chinakohl

Feldsalat

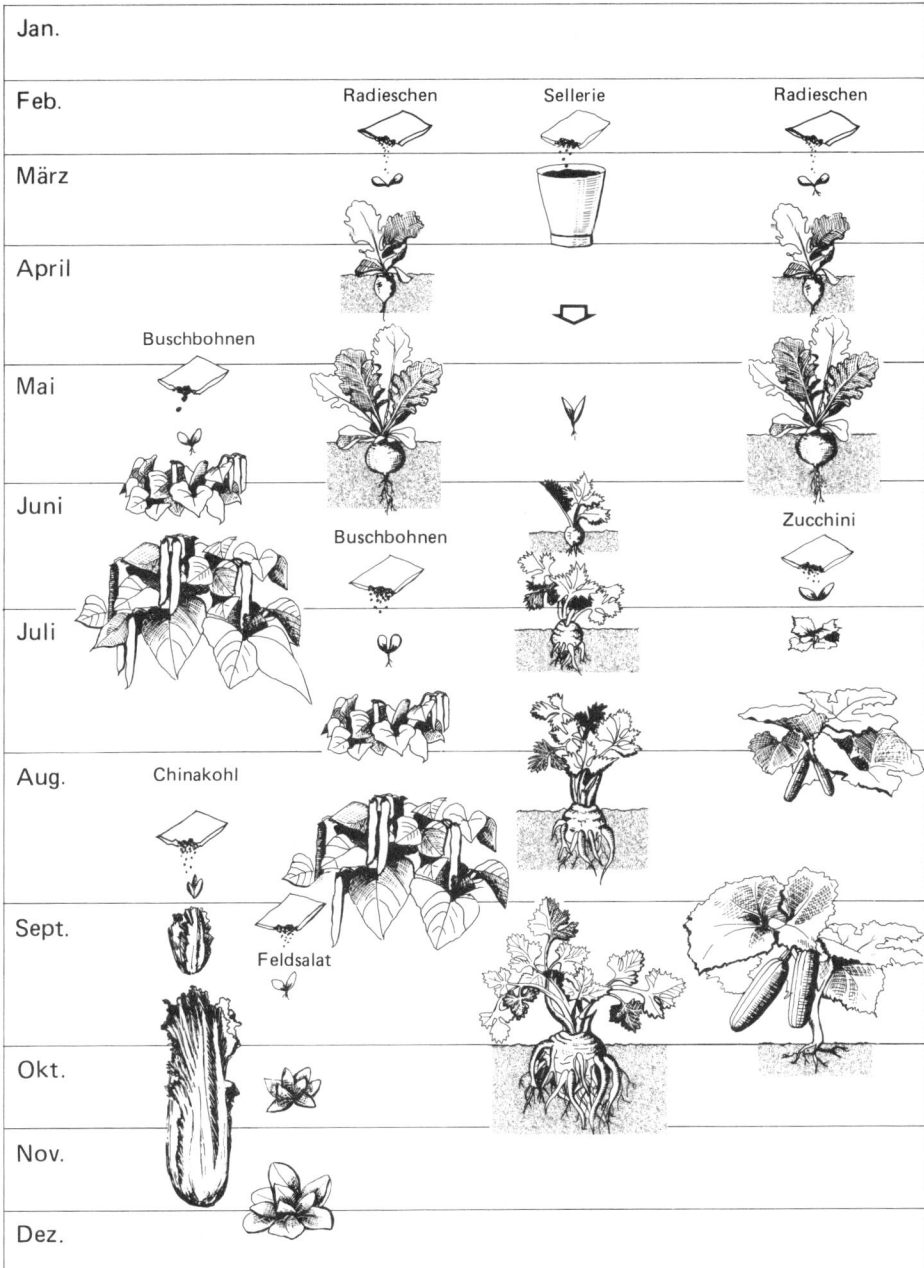

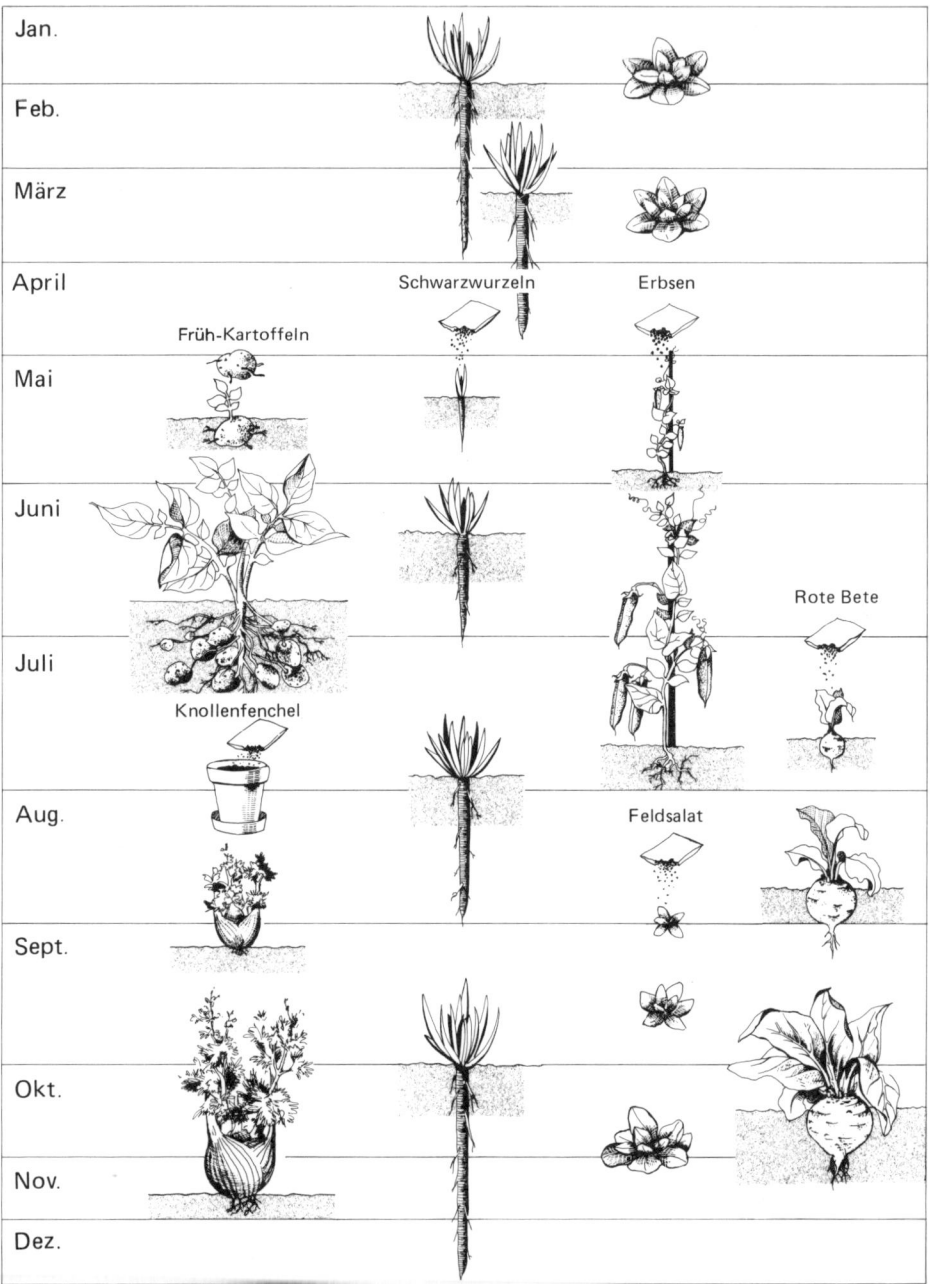

Jan.

Feb.

März

April

Mai

Juni

Juli

Aug.

Sept.

Okt.

Nov.

Dez.

Schwarzwurzeln

Erbsen

Früh-Kartoffeln

Rote Bete

Knollenfenchel

Feldsalat

Jan.	
Feb.	
März	Kohlrabi
April	Kopfsalat Zwiebeln
Mai	Porree
Juni	
Juli	Möhren
Aug.	Kopfsalat
Sept.	Spinat
Okt.	
Nov.	
Dez.	

	Möhren	Steckzwiebeln	Spinat
Jan.			
Feb.			
März			
April			
Mai			
Juni			Buschbohnen
Juli			
Aug.			
Sept.		Feldsalat	
Okt.			
Nov.			
Dez.			

Nachstehende Saatterminkalender (Übersichten 6 + 7) sollen einen Start in hochbeetgemäße Anbauarten empfehlen. Der Verfasser lebt in Hamburg, also in der geographischen Breite von 53–54 Grad nördlich. Je weiter südlich ein Leser lebt, desto günstiger werden die Bedingungen – ausgenommen die Hochlagen der Mittelgebirge und des Alpenrandes.

Alle in Übersicht 6 und 7 aufgeführten Gemüsearten sind in bezug auf die Folgekulturen austauschbar. Es sollte jedoch vermieden werden, Tief- auf Tiefwurzler respektive Büschel- auf Büschelwurzler als Folgekultur anzubauen. Nach dem Abernten der Vorkultur sollte man der Reihe wieder eine Dünger-Ergänzung zukommen lassen. Geeignet sind Siebkompost oder organischer Volldünger in Mehlform (Guano, Hornmehl, Knochenmehl . . .), den man über Nacht in einer Gießkanne aufgeweicht hat und mit tiefgehaltener Brause gezielt auf die vorgesehene Saatreihe gießt. Danach den Boden mit der Hacke oder tiefreichendem Sauzahn lockern und den Dünger einarbeiten.

Durch Vorziehen auf der Fensterbank oder im Kleingewächshaus gewinnt man 3–6 Wochen Vorsprung. Dann müssen die kleinen Pflänzchen natürlich auf dem Beet vereinzelt werden, was sich bei Spinat, Karotten, Radieschen, Schwarzwurzeln, Rote Beeten und Erbsen nicht lohnt. Bei einigen Sommerkulturen kann man die Nachfrucht zeitig unterpflanzen, um eine Verfrühung zu erzielen.

Übersicht 6: Anbau-Empfehlungen für zweifaches Ernten pro Jahr und Beetreihe

Frühjahrskultur (Aussaat März)	Hauptkultur (Aussaat oder Pflanzung Mai/Juni, Ernten im Herbst)
Spinat	Möhren (besser schon Märzsaat)
frühe Radieschen	
Schnittsalat	Sellerie (vorziehen)
Feldsalat ⎫ haben	Buschbohnen
Porree ⎬ über-	Gurken (vorziehen)
Schwarz- ⎭ wintert	Zucchini/Kürbis (vorziehen)
wurzeln	Kopfsalat (alle 14 Tage nachsäen)
	alle Kohlsorten
	Pastinaken
	Mangold
	Porree
	Zwiebeln
	Tomaten (vorziehen)
	Schwarzwurzeln
	Erbsen, auch Folgesaaten möglich

Selbstverständlich könnte man auf Hochbeeten auch Blumen heranziehen (– jeder Blumenkasten vor dem Fenster oder auf dem Balkon ist seiner Bauart nach ja ein Mini-Hochbeet –), nur steht dann der Aufwand nicht im rechten Verhältnis zum Ergebnis. Hochbeet-

Übersicht 7: Anbau-Empfehlungen für dreifaches Ernten pro Jahr und Beetreihe

Frühjahrskultur	Sommerkultur	Herbstkultur
		(einige Arten schon im Juni/Juli vorziehen)
Spinat	Erbsen	Chinakohl
frühe Radieschen	Kopfsalat	Pak choi (China-Kohl-ähnlich)
Schnittsalat	Kohlrabi	Spinat
Feldsalat ⎫ haben	Karotten	Porree
Porree ⎬ über-	Rote Beete	Brokkoli
Schwarzwurzeln ⎭ wintert	Rettich	Grünkohl
	Mangold	Chichoriésalat
		Endiviensalat
		Teltower Rübchen
		Knollenfenchel

erde ist auch »fett«, d.h. sie enthält, wenn man den Empfehlungen dieses Büchleins folgt, reichlich Nährstoffe. Manche Blumen werden dadurch leider oft »blühfaul« – andere, beispielsweise Hängeblumen, können jedoch durch kaskadenähnliches Herabfließen an Wirkung gewinnnen.

Welche Gemüsekulturen gedeihen auf Hochbeeten besonders gut?

In dieser Aufstellung fehlen solche Gemüsearten, deren Anbau auf Flachbeeten praktischer zu handhaben ist, z.B. Stangenbohnen, oder solche, die weniger Anspruch an die Bodenqualität stellen und in sandigen, leicht sauren Normalböden (pH-Wert 6) ebenso gut gedeihen: Kartoffeln, Buschbohnen, Grünkohl usw.

Hochbeetböden, sofern sie nach den Angaben des Verfassers bereitet wurden, sind nährstoffreiche, gut gekalkte Böden (pH-Wert 7–7,5) und deshalb für die folgenden Gemüsearten optimal geeignet:

Spinat
Der Erntereigen wird durch den Spinat eröffnet. Als frühestes Gemüse kann er sowohl im zeitigen März ebenso wie im November gesät werden, denn er ist frostsicher. Reihenabstand 20 cm, innerhalb der Reihen dicht. Spinat läuft bereits nach 8–10 Tagen je nach Außenwärme auf und kann nach weiteren 4–5 Wochen erstmals geerntet werden (Anfang Mai). Läßt man beim Schneiden das Herz in der Mitte der Pflanze stehen, indem man Messer oder Schere etwas höher ansetzt, treibt er ein zweites Mal durch und kann nach weiteren 3 Wochen nach reichlichem Gießen noch einmal geerntet werden. Bei Winteranbau bildet sich in den Blättern viel Nitrat, das für Kleinkinder gefährlich ist.

Feldsalat
Falls Sie im Herbst des Vorjahres Rapunzel gesät haben, können Sie an offenen Wintertagen – auch unter Schnee – bis in den Mai hinein diesen »König der Salate« ernten. Dann sollten Sie besser auf Kopfsalat umsteigen, weil der Feldsalat an Geschmack verliert.

Schwarzwurzeln
Unbedenklich können Sie Schwarzwurzeln bis Ende März im Boden belassen. Es gibt keine bessere Frischhaltemethode über Winter. Vor dem neuen Austrieb – dann bildet die Pflanze nur Blüten, Blätter und Samenbestände auf Kosten der in der Wurzel festgelegten Stärke – sollten Sie die herrlichen Wurzeln herausnehmen und nach kurzem Kochen einfrieren. Man hat Schwarzwurzeln mit Recht geschmacklich dem Spargel gleichgestellt. Beiden gemeinsam ist die Süße und Kernigkeit. Gegen Verdauungsschwierigkeiten ist die Schwarzwurzel ein Diätgemüse.

Abb. 12: Schwarzwurzeln können über Winter in der Erde bleiben. Die Ernte von 40 cm langen Stangen ist bei Hochbeeten die Norm

Abb. 13: Spargel zählt zu den Feingemüsen. Der hier abgebildete Grünspargel zeichnet sich durch besonde- ren Wohlgeschmack aus und außerdem ist das Ernten weniger arbeitsaufwendig (siehe Text)

Grünspargel

Eine auf das Hochbeet zugeschnittene Gemüse- kultur ist der Grünspargelanbau, weil er, einmal gepflanzt, dann 15-20 Jahre am selben Platz bleibt. Dieses Feingemüse wächst im tiefgrün- digen, nährstoffreichen Boden auf Hochbeeten optimal und liefert schon nach 2 Jahren (sonst sind es 3 Jahre!) kleine Ernten. Ab dem 3. und 4. Jahr erlebt man im Mai/Juni geradezu eine Spargelschwemme. Wegen des zu erwartenden Absenkens des Hochbeetbodens sollte man die gekauften Rhizome (Wurzelstöcke) nicht 15 cm tief — wie empfohlen —, sondern nur 8-10 cm tief einpflanzen. Man braucht aber nicht zu be- fürchten, daß die Pflanzen dem besprochenen »Schwund« folgend allmählich in die Tiefe ab- sinken. Der Wurzelstock dieser Staude reguliert nämlich in den weiteren Jahren durch Nach- wachsen jeweils die ihm gemäße Tiefe.

Das Besondere der Grünspargelkultur ist die Bequemlichkeit. Kein Anhügeln, kein Spargel- stechen in ungewisser Tiefe, kein Bücken . . ., nur schneiden (kurz über dem Boden). Ihr erb- senähnlicher Geschmack erlaubt es, ihn sogar roh (zu Salat) zu essen. Die Schale des Grün- spargels ist viel zarter als die des Bleichspargels und es genügt, nur das untere Drittel zu schä- len. Hält man die Kultur ausreichend feucht, braucht man das Holzigwerden nicht zu fürch- ten. Der Geschmack ist intensiver als der des Bleichspargels, reicher an Mineralstoffen und wegen des Heranwachsens in der Sonne auch vitaminreicher. Geschnitten wird bis zum Jo- hannistag (24. 6.). Dann darf die Pflanze sich wieder von ihrem Substanzverlust erholen und über das Blattgrün der Triebe assimilieren — für die nächste Saison.

Düngegaben sollten im Herbst ausgegeben werden und aus stickstoffhaltigen organischen Volldüngern bestehen (Guano, Oscorna, Horn- späne, Flüssigdünger). 20 Pflanzen genügen für eine dreiköpfige Familie. Wagen Sie einen Ver- such — Sie werden ihn nicht bereuen!

Der zwölfgepunktete Spargelkäfer (*Crioceris*

41

duodecimpunctata) und das nur ½ cm große Spargelhähnchen *(Crioceris asparagi)* können in Trockenperioden als Schädlinge auftreten. Sie können den Pflanzen durch ausreichendes Wässern helfen. Es ist bei 20–25 Pflanzen leicht, die Käfer zu fangen und zu vernichten. Sie haben nämlich die Eigenart, sich bei Gefahr auf den Boden fallen zu lassen. Hält man also eine Hand unter den Zweig, auf dem das Tierchen sitzt, während die andere Hand das Tier aufscheucht, hat man schnell Erfolg. Greifen Sie also nicht gleich zur Sprühdose, denn mit dem Sprühnebel des Pflanzenschutzmittels vernichten Sie leider auch die Nützlinge (Vögel, Wespen, Spinnen).

Erdbeeren

Der Spargelschwemme schließt sich die Erdbeerernte an. Es ist ein Genuß, schon Ende Juni die Früchte frisch vom Hochbeet zu ernten und zu essen. An den Beetrand gepflanzt, pflückt man die Köstlichkeiten im Vorübergehen. Überhängende Beeren werden schneller süß, weil sie von der Wärme profitieren, die an der Beetwand aufsteigt.

Kohlrabi

Wenn Sie die Empfehlungen im Hinblick auf Düngen und Kompostieren beachten, wie sie in Kapitel 6 S. 65 ff. beschrieben sind, könnten ihre Kohlrabi allesamt bei Gartenschauen preisverdächtig sein. Da auch Kohlrabipflanzen zur Familie der Kreuzblütler-Gewächse gehören, sind auch sie anfällig für eine Pilzkrankheit, die alle Mitglieder dieser Gruppe befallen kann: die Kohlhernie, die sich durch Wucherungen an den Wurzeln und durch vorzeitiges Welken der Blätter verrät. Da noch kein wirksames Gegenmittel gefunden worden ist, hilft bisher nur eine Maßnahme wirklich: der Fruchtwechsel. Das heißt: Man muß einen Zeitabstand einhalten, bevor man wieder eine Kreuzblütler-Pflanze an dieselbe Stelle des Gartens pflanzt. Zu ihnen zählen u. a. alle Kohlpflanzen, d. h. alle Abkömmlinge des Wildkohls, ferner Senf, Hederich, Radies, Chinakohl, Teltower Rübe, Brokkoli, Rettich, Raps, die Kohlrübe (Steckrübe), Gartenkresse, Meerrettich u. a. Der von Erwerbsgärtnern empfohlene Zeitabstand beträgt 7 Jahre. Starkes Düngen mit Kalkstickstoff

kann diesen langen Fruchtwechsel um einige Jahre mindern – das Risiko ist dennoch groß, besonders in Jahren mit kühlen Sommern. Die Ursache der Entstehung dieser Krankheit wird in Fachbüchern unterschiedlich beurteilt: Die einen deuten dies als Mangel an Nähr- und Wuchsstoffen, die für Kreuzblütlergewächse wichtig und nach einer Vegetationszeit aufgezehrt sind. Werden sie im Folgejahr nicht wieder zugeführt, darbt die Kohlpflanze entweder an den Hauptnährstoffen (NPK = Stickstoff, Phosphor und Kali) oder an jenen Wuchsstoffen, die allgemein als Spuren-Elemente oder auch Heilstoffe bekannt sind. Andere Fachleute sehen die Ursache in den Abwehrstoffen, die jede Kreuzblütenpflanze während ihrer Vegetationsperiode über die Wurzeln als Lösung oder über ihre oberirdischen Teile als Duftsubstanz ausströmt. Sie dienen zur Unterdrückung von Nachkommen der Artverwandten. Im näheren Umkreis sollen keine Sämlinge hochkommen dürfen, – eine in Millionen von Jahren erworbene genetisch bedingte Eigenschaft zur Erhaltung der eigenen Art.

Eine dritte Version spricht von bakterieller oder »pilzlicher« Verpestung. Gemeint sind die Rückstände der Kohlhernie-Sporen, die einige Jahre lebensfähig bleiben und dann immer wieder virulent werden, wenn erneut ganze Reihen von Kohlpflanzen auf dasselbe Beet gesetzt werden. Möglicherweise erhalten sich auch in den allerletzten Wurzelhärchen einer kohlherniebefallenen Pflanze noch jene Mikroben über Jahre, deren Zersetzungsprodukte unserer Nase so unangenehm sind, wenn wir einen verfaulten Kohlstrunk riechen.

Hochbeetgärtner können die Fruchtfolgezeit um gut die Hälfte verkürzen. Jährlich neu aufgebrachter Kompost erneuert den Oberflächenboden dieser Flachwurzelpflanze so wirksam, daß schon nach 3 Jahren Kohlpflanzen an dieselbe Stelle des Beetes gesetzt werden können.

Chinakohl

Vermutlich hat die geographische Entfernung von China bewirkt, daß der Chinakohl sich als nahezu resistent gegen die Kohlhernie erwiesen hat. Er wird als Nachfrucht ab Juli/August angebaut. Er muß nach dem Auflaufen der Saat zeitig pikiert werden – ca. 20 cm Abstand ge-

Abb. 14: Nach einem mehrwöchigen Urlaub reifte hier versehentlich dieses Prachtstück von Zucchini heran. Normalerweise läßt man sie nur 20 cm lang werden

Abb. 15: Knollensellerie braucht einen tiefgründigen Boden mit hohem Kaligehalt. Der richtige Kompost mit viel Holzasche vom Kamin bringt Knollen von 800–1000 g Gewicht

nügen. Nacktschnecken lieben dieses Gemüse sehr. Daher empfiehlt sich die auf Seite 54 beschriebene Absammelmethode.

Zucchini

Die wärmebedürftige Kürbisart Zucchini, die aus Italien zu uns gekommen ist und in guten Sommern reichliche Früchte liefert, findet auf Hochbeeten ideale Bedingungen. Man darf sie nicht vor Anfang Juni ins Freie setzen — Vorkeimung ab Mai ins Frühbeet oder ans Fensterbrett, — denn auch die »Schafskälte« im Juni kann noch einen Rückschlag bringen. Zwei der besten Keimlinge werden in 100 cm Abstand aufs Beet gepflanzt. Ihre gurkenähnlichen Früchte genügen vollauf für eine dreiköpfige Familie. Man läßt die grünen »Gurken« nur etwa 20 cm lang werden und kann sie ungeschält

(Schale ist Vitamin- und Mineralschicht!) entweder als Salat oder in der Pfanne gedünstet, zusammen mit Zwiebeln, Tomaten und vielerlei Gartenkräutern verwenden. Je mehr man schneidet, desto reicher treiben die Früchte nach!

Sellerie

Pflanzabstand 30 cm, volle Sonne. Eine sehr bewährte Gemüseart, deren Knollen auf dem Hochbeet zu Parade-Stücken heranwachsen. Der nährstoffreiche, kompostgedüngte Boden hält alles bereit, was der starkzehrende Sellerie benötigt, hauptsächlich Kali und Phosphorsäure. Als Zusatzdünger während der Kulturzeit hat sich Holzasche erwiesen. In ihr sind sowohl die genannten Verbindungen als auch die Salze enthalten, die der Sellerie benötigt.

Sellerie sind »Säufer«, d. h. man sollte mindestens jede Woche einmal nachwässern, in Trockenzeiten sogar öfter. Dadurch vermeidet man Hohlräume in den Knollen.

Der eigentliche Erntemonat ist Oktober. Selbstverständlich kann die Hausfrau schon vorher mal ein Knöllchen als Suppengrün bekommen. Dann sollte man die Reihe so lichten, daß immer eine Knolle überschlagen wird. So bekommen die Stehenbleibenden doppelten Platz zum Ausbreiten. Bis zum ersten Frost ist noch Dickenwachstum festgestellt worden. Nach einer Frostnacht müssen die Sellerie sofort verarbeitet werden, denn dann besteht Fäulnisgefahr.

Brokkoli

Wegen der Infektionsgefahr mit Kohlhernie hat das für Kohlrabi Gesagte auch hier Gültigkeit: Erst nach 3–4 Jahren darf ein Kohlgemüse wie-

Abb. 16: Als Nachkultur hat sich Brokkoli sehr bewährt. Bis zum ersten Frost kann mehrmals geerntet werden

der am selben Platz stehen. Brokkoli eignet sich bestens als Zweitkultur auf dem abgeernteten Erbsenbeet. Das aus Italien stammende Fein-Gemüse ist der grüne Verwandte des hiesigen Blumenkohls, schmeckt aber kräftiger. Auch treibt eine Pflanze mehrere Blumenkohl-Rosen. Nach der ersten Ernte liefert die Pflanze wenige

Wochen später noch eine zweite. In den Blattachseln sitzen nämlich die Embryo-Anlagen, die zu vollen Blumen heranwachsen. Man schneidet die Frucht am Stielanfang ab, denn auch der Stiel ist noch sehr schmackhaft. Wegen seines feinen Aromas und der leichten Kultur im Garten hätte der Brokkoli eine größere Verbreitung verdient.

Knollenfenchel

ist das späteste Gemüse im Garten. Als Nachkultur angebaut — auf das abgeerntete Kartoffelbeet gesetzt, gedeiht er prächtig — bringt er im Oktober/November etwa männerfaustgroße Knollen hervor, — doppelt so dick wie auf Flachbeeten gezogene. Die sehr aromatisch duftenden und süß schmeckenden oberirdischen Teile sind vielseitig verwertbar. Das filigrane Kraut liefert, wie auch die Knolle selbst, gemischt mit Äpfeln, Zitrone und Nüssen einen herzhaften Salat. Im Römertopf gedünstet, ergeben schon drei Knollen (unzerkleinert) ein Delikateß-Gemüse für 3 Personen. Bekannt ist Fenchel auch als Heilpflanze.

Fenchel-Tee (Samen) hilft gegen Verdauungsstörungen, Fenchel-Bonbons gegen Husten und Erkältungen.

Tomaten

finden auf dem Tiefbeet ihren Platz. Wegen der Übergröße, die sie dort im reinen Kompost erreichen, müssen sie an einem Gitterzaun an der Rückseite festgebunden werden. Auf dem Hochbeet selbst würden sie gut 2 m hoch werden und damit problematisch, weil sie zwar viele, herrliche Früchte bringen, leider aber auch benachbarte Beete beschatten. In normalen Sommern liefert eine Pflanze einen Ertrag von 5–6 kg, Abstand mindestens 1 m voneinander. Geiztriebe sollten schon im frühen Wuchsstadium herausgebrochen werden, sonst gäbe es auf dem Beet einen tropischen Dschungel. Auspflanzzeit Mitte Mai (nach den Eisheiligen!). Anzucht schon Ende Februar.

Porree

braucht eine ganzjährige Wuchszeit und viel Sonne. Ein stickstoffreicher Kompost garantiert gute Ernten. Lästig kann die Lauchfliege werden. Befallene Pflanzen verraten die Schä digung durch Welken der Blattspitzen. Man schneidet am besten die Pflanze kurz über dem Boden ab und vernichtet die Made durch Drauftreten auf die abgeschnittene Pflanze. Der Porree regeneriert schon sehr bald und liefert im Herbst eine volle Ernte.

Möhren

gedeihen auf Hochbeeten in allen Jahren — gleich, ob der Sommer kühl oder heiß ist — überdurchschnittlich gut. In Mischkulturen mit Zwiebeln oder Schalotten oder Porree angebaut, vermeidet man den Befall mit der Möhrenfliege. Beide Kulturen helfen einander bei der Abwehr ihrer Schadinsekten. So wird auch hier Pflanzenschutzmittel überflüssig. Möhren müssen nach dem Auflaufen vereinzelt werden, um ein schönes geradegewachsenes Wurzelgemüse zu erhalten.

Pilze

Man glaubt gar nicht, welche Mengen von eßbaren Hutpilzen dem Hochbeetbesitzer zuwachsen. »Gesät« hat er sie nicht, aber er kann sie ernten: Champignons, Knotenschöpflinge, Austernseitlinge, Träuschlinge ... Das ist so zu erklären: Die Hauptmasse des Füllgutes ist Baum- und Strauchholz, an deren Rinden sich Millionen von Pilzsporen festgesetzt haben — vom Wind angeweht oder mit Vogelkot angeklatscht. Beim Zusammentreffen der wichtigen Wachstumsbedingungen wie Feuchtigkeit, Wärme, Dunkelheit und Nährstoffreichtum beginnt sich das Leben der Pilze zu regen. Sie bilden Hyphen (weißliche Fäden im Boden) und können auf dem Holzsubstrat zu Myzelen heranreifen, wonach es dann jahreszeitbedingt zu Hutpilzbildung kommt.

Natürlich lassen sich auch noch weitere Gemüse vorteilhaft auf Hochbeeten anbauen. An den aufgeführten Gemüsen habe ich selbst Freude und mit ihnen Erfolge erzielt. Der Leser mag nach seinem eigenen Geschmack auch weiter experimentieren. Hierfür empfehle ich ihm das Bändchen »So einfach ist der Anbau von Gemüse«, das von Roy Genders verfaßt ebenfalls in der Reihe »Pareys bunte Gartentips« erschienen ist und auch solche Gemüsearten bespricht, die in der obigen Aufzählung nicht berücksichtigt wurden.

Wenn Pflanzen sich nicht vertragen können

Wer Mischkultur betreibt, tut gut daran, sich zur Vermeidung von Mißerfolgen über die Verträglichkeit oder Unverträglichkeit der Gemüsepflanzen untereinander zu informieren. Viele treiben nämlich einen chemischen Krieg mit allen Finessen. Wer den andern nicht riechen kann, wird ihm normalerweise aus dem Weg gehen. So ist das jedenfalls bei uns Menschen. Pflanzen können das nicht — und fangen an zu kümmern. Es gibt aber auch Pflanzen, die es »gut miteinander können«. Möhren und Lauchpflanzen zum Beispiel haben, wenn sie auf dem Beet nebeneinander stehen, beiderseits Nutzen. Die Möhre vertreibt durch ihren speziellen Duft die Zwiebelfliege, der benachbarte Porree umgekehrt die Möhrenfliege. So werden die Schädlinge von beiden Pflanzen weitgehend ferngehalten. Und Pflanzenschutzmittel sind hier entbehrlich.

»Krieg« unter Pflanzen wird sowohl als Luftkampf wie auch mit unterirdischen Waffen ausgetragen. Als »Luftstreitkräfte« wirken Aerosole, das sind Duftstoff-Luftgemische mit weitreichender Ausbreitung. Aus Drüsen, die meist an der Blattunterseite sitzen, entsendet die Pflanze aromatische Geruchsstoffe. Sie dienen einmal der Abwehr gegen unliebsame Konkurrenz am eigenen Standort, zum andern locken sie auch Insekten an, die für die Bestäubung benötigt werden. Unter der Oberfläche des Bodens sondern viele Pflanzen über ihre Wurzeln Stinkstoffe aus, die zum Teil von ätzender oder gar giftiger Wirkung sind. »Phytonzide« nennt man in der botanischen Wissenschaft diese Erscheinung. Sie beeinflussen ebenso das Bodenleben, indem sie auf viele Mikroben antibiotisch, d. h. vernichtend einwirken. Zum andern »vergrämen« sie dadurch die Konkurrenten in der Nachbarschaft und brauchen dann die Nährstoffe im Boden nicht mit ihnen zu teilen.

Der Hochbeetgärtner baut in der Regel 3–5 Gemüsereihen nebeneinander auf ein Beet an. Er sollte es vermeiden, zwei Gemüsearten nebeneinander zu setzen, die sich gegenseitig »unsympathisch« sind. Erst in der vierten Reihe, also bei einem Abstand von 80 cm, kann

Übersicht 8: Verträglichkeit und Unverträglichkeit bei Mischkulturen verschiedener Gemüsearten

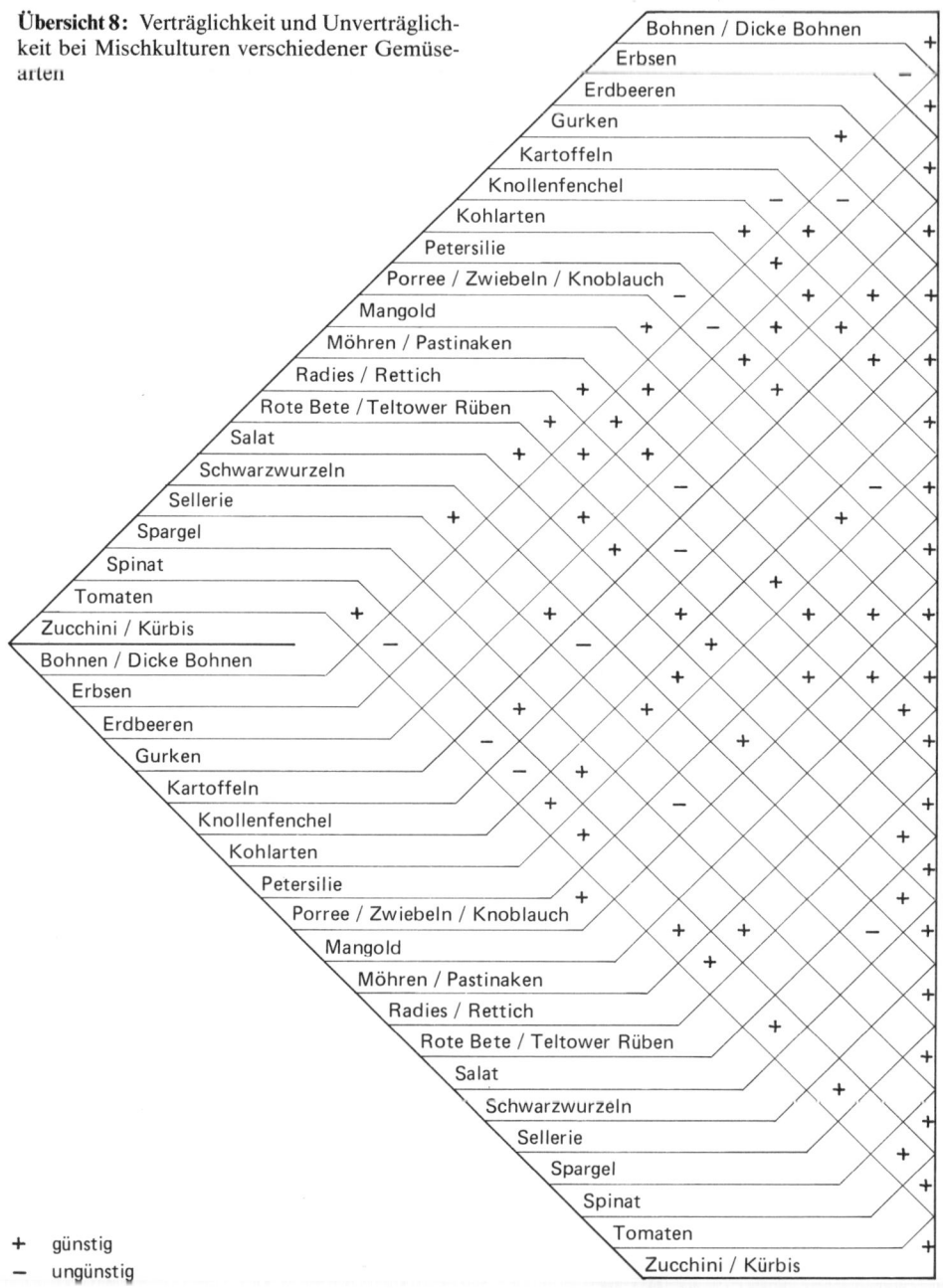

+ günstig
− ungünstig

er mit Aussicht auf Erfolg einen solchen »Gegner« anbauen. Man hat ja nicht immer genügend Ausweichplatz, um alle kritischen Pflanzen voneinander entfernt zu halten.

Die vorstehende Übersicht soll Hinweise über die Verträglichkeit von Gemüsearten geben. Leere Karos bedeuten entweder Neutralität untereinander, oder es liegen noch keine ausreichenden Erkenntnisse vor.

Hoch- und Hügelbeete im Vergleich

Hoch- und Hügelbeete sind Kinder desselben Gedankens. Sie nutzen die Dünge- und Wärmekraft des Komposts aus und erlauben es, auch solche organischen Stoffe nutzbringend im Garten zu verwerten, die sonst dem Sperrmüll übergeben würden. Beiden Kulturformen kann man wegen dieser Recycling-Eigenschaft das Prädikat »umweltfreundlich« zusprechen. Die Verbreitung dieser Beetbau-Techniken verdient eigentlich öffentliche Förderung — angesichts der immer höher wachsenden Wohlstands-Abfall-Berge.

Beiden gemeinsam ist auch die Steigerung der Bodenfruchtbarkeit. Gegenüber Flachbeeten haben sie im Fall der Hügelbeete etwa doppelte, bei Hochbeeten sogar dreifache Ernteergebnisse. Auch ist beiden die zweifache Erdbewegung gemeinsam, der durch Heraus- und wieder Zurückschaufeln des Bodens ein dem Rigolen ähnlicher Effekt zukommt.

Beim Hochbeet wirken die Seitenwände verdunstungsmindernd. Die Sonnenwärme, die auf die Wände fällt, wird nach innen weitergegeben — eine Zusatzheizung also, die schnelleres Wachstum der Pflanzen ermöglicht und ihnen auch im Herbst bei Spätkulturen (Schwarzwurzeln, Brokkoli, Feldsalat, Knollenfenchel, Sellerie, Möhren . . .) eine Verlängerung der Vegetationsperiode ermöglicht. Drei Ernten auf demselben Beet sind die Regel.

Die in vielen Publikationen bei Hügelbeeten als Vorteil herausgestellte größere Pflanzfläche, die durch die beiden Flanken entstehen, ist —

Übersicht 9: Vor- und Nachteile beim Hügel- und Hochbeet

	Hügelbeet	Hochbeet
Aufbau	von Sohle bis Kuppe ca. 50 cm variierbar nach der Breite und Länge	durch Ausheben einer 40–50 cm tiefen und 1,30 cm breiten, beliebig langen Grube, entsteht eine Beethöhe von 1,10–1,20 m, Höhe über Bodenniveau 60–70 cm
Arbeitsaufwand	für ein 10 m langes Beet ca. 1–3 Tage	für ein ebensolanges Beet mindestens 7 Tage (abhängig vom Wandbaustoff)
Kosten	eigene Arbeitskraft	außer eigener Arbeitskraft Materialkosten
Sperre für Ungeziefer	Wühlmäuse, Maulwürfe, Kaninchen haben ungehinderten Zutritt	Wegen der tief in den Boden reichenden Wände bleibt das Ungeziefer ausgesperrt
Nährstoffe	für die ersten 2 Jahre reichlich vorhanden, dann verzehrt	Das Absinken des Beetes macht einen jährlichen Ausgleich erforderlich, daher kommt in jedem Frühjahr eine Schicht Kompost obenauf, was zu einer ständig wachsenden Humusschicht führt, sich also fruchtbarkeitsteigernd auswirkt
Verdunstung	wegen großer Beet-Oberfläche relativ groß, sonnenzugewandte Flanken besonders gefährdet	normal; kann durch Mulchen oder Hacken gemindert werden. Hohe Humusdecke wirkt wie Schwamm, d. h. feuchtehaltend
Bequemlichkeit	viel Bückarbeit	bequemes Erledigen aller Gartenarbeiten im Stehen, respektive »Vorbeigehen«, sogar im Sitzen möglich (für Körperbehinderte)

Übersicht 9 (Fortsetzung): Vor- und Nachteile beim Hügel- und Hochbeet

	Hügelbeet	Hochbeet
gärtnerischer Erfolg	verglichen mit Flachbeeten ca. die doppelte Erntemenge im 1. und 2. Jahr	verglichen mit Flachbeeten die dreifache Erntemenge über Jahre hinaus
Lebensdauer	ca. 3 Jahre, danach ist das Beet in sich zusammengefallen	bei entsprechend stabilen Außenwänden mindestens 20 Jahre
nutzbare Oberfläche	Der Schluß, daß infolge vergrößerter Oberfläche auch mehr Reihen Gemüse angebaut werden können, ist falsch. Pflanzen wachsen stets lichtwärts; wenn ihr Lichtraum zu eng wird, fangen sie an zu geilen	ebene Pflanzenfläche entsprechend dem Grundriß
Langzeitwirkung	wegen der Kurzlebigkeit der Hügelbeete: keine	durch jährliches Auffüllen mit Kompost wächst die fruchtbare Dauer-Humusschicht immer weiter an. Dieser Bodentyp ist vergleichbar mit den Schwarzerde-Gebieten der deutschen Börden oder der Ukraine, die nur ein Minimum an Dünger brauchen, weil der Boden selbst dauerfruchtbar ist

wie schon erwähnt – eine irrige Ansicht. Im Laufe meiner jahrelangen Praxis hat sich die Bearbeitung der Schrägflächen beim Hacken, Gießen und Ernten wegen des Herabrutschens bewegter Erde, respektive Abfließens von Gießwasser als eher hinderlich herausgestellt.

Weil aber bekanntlich das Bessere immer der Feind des Guten ist, soll vorstehende Übersicht dem Leser Klarheit über die Unterschiede beider Beetformen verschaffen.

4 Jährliche Arbeiten des Hochbeet-gärtners

Die Frühjahrsbestellung

»Gertrud macht das Gartentörchen auf« hieß es in alten Gartenbüchern. Gemeint war natürlich der Namenstag der hl. Gertrud, der 17. März. Dann begann man mit der Gartenbestellung.

Nun ist der Anfangstermin sicher nicht auf einen bestimmten Tag festzulegen, gibt es doch regionale, klimatische und höhenbedingte Unterschiede, vom jeweiligen Wetter ganz abgesehen. Wer am Bodensee in Südhanglage wohnt, hat gegenüber einem Flensburger Gärtner mindestens 14 Tage Vorsprung. Den Monat März als Startmonat kann man aber allgemein gelten lassen.

Gegenüber den herkömmlichen Arbeiten des Schrebers — Aufbringen des Mistes, Umgraben der Fläche, Glattrechen, Neueinteilung der Beete, Abmessen und Schnuren, Festtrampeln der Zwischenwege usw. — ist die Bestellung der Hochbeete wesentlich einfacher:

Kein Umgraben mehr
Kein Pflocken und Schnuren
Einteilung in Beete entfällt
Kein Festtrampeln der Wege
Vor allem: Kein Bücken mehr!
sondern:
Laubschichten entfernen
Obere Erdschicht 3-5 cm abheben
Kompost als Schwundausgleich aufbringen
Erde wieder darüberschaufeln
Glattrechen — fertig

Wie macht man es nun im einzelnen? Es beginnt mit dem Abnehmen der winterlichen Laubdecke. Wir werden erstaunt bemerken, daß es nur noch etwa die Hälfte der ursprünglichen Menge ist. Weshalb? Die Erklärung ist verblüffend: Die Regenwürmer sind an wärmeren Wintertagen wieder nach oben gekommen und haben sich am Laub gütlich getan. So hat der Wintermulch einen doppelten Nutzen gebracht: Als Wärmepackung und als Anreiz für die Aktivität der Würmer. Was die Würmer noch nicht nach unten gezogen haben, verteilt man am besten unter die Beerensträucher und läßt es dort als Mulch wieder liegen.

Die nächste Feststellung: Die Oberfläche des Beetes hat sich deutlich gesenkt. Wie konnte das passieren? Wir erinnern uns an die Füllung: bei solchen Massen von sperrigen Baumscheiben, Aststücken und -knüppel, langgelassenem Gesträuch und Holzstiegen bleibt es gar nicht aus, daß Tausende von Hohlräumen, große und kleine, entstehen. Sie werden auch durch das Einschlämmen mit dem Gartenschlauch nicht beseitigt. Sie sind sogar erwünscht, ja, sie gehören zum Plan des Beetaufbaus. Die kleinen Höhlen sind nämlich die Stätten eingeschlossenen Luftsauerstoffs, aus denen sich die Millionen von Bodenorganismen mit Atemluft versorgen. Diese Hohlräume deshalb lange zu erhalten, wäre günstig; leider haben wir aber einen Gegenspieler, gegen den wir nichts ausrichten können: die Gravitation, die Schwerkraft. Was wir so schön locker eingefüllt haben — von den luftumgebenen Millionen Krümel und deren wachstumsfördernden Wirkungen sprachen wir schon — fällt in sich zusammen; der Boden verdichtet sich. Jeder Regenguß schlämmt kleinste Partikelchen nach unten; sie setzen sich zwischen den Poren fest und klammern sich an ihre umgebenden Krümel.

Um das Defizit zu ersetzen, wäre der erste Gedanke: Auffüllen mit Erde. Aber wer hat schon einen Reservehaufen davon in einer Gartenecke liegen? Wäre es guter alter Gartenboden, bestünden keine Einwände gegen die Verwendung. Handelt es sich aber um mindere Erde, etwa um Rohboden aus tieferen Lagen, muß gewarnt werden. Würde man doch die mühselig hergestellte Schichtung des Hochbeetes auf den Kopf stellen: Nach oben gehört doch immer das Feinste, d. h. Nährstoffreichste. Statt eines humosen Mutterbodens würde ein verarmter Unterboden nach oben zu liegen kommen. Solche Umkehrung der natürlichen Schichtung eines gewachsenen Bodens würde das Wachstum des Gemüsekulturen unseres Hochbeetes nachhaltig beeinflussen. Flachwurzler kämen gar nicht an den »Kuchen«, d. h. an die ernährende Schicht heran, und Tiefwurzler (Möhren, Schwarzwurzeln ...) würden »Beine« entwickeln, d. h. sie würden im nährstoffarmen Milieu Nebentriebe auf Kosten der erwünschten Hauptwurzel bilden.

In Ermangelung geeigneter Muttererde müßten wir uns also die Füllmasse zur Ergänzung des Schwundes selbst herstellen. Das kann für einen naturgemäß arbeitenden Gärtner nur der Kompost sein. Kompost ist zwar noch keine Erde, sondern nur im Übergangsstadium. Erst der Nährhumus ist dann das Endprodukt (siehe S. 65 ff.). Mein verfügbarer Komposthaufen war aber noch relativ jung: Nach einjähriger Lagerzeit war das Endstadium noch nicht erreicht, ich hatte es in der Praxis mit Zwischenstadien verschiedenster Rottegrade zu tun. Da mischen sich im Komposthaufen sowohl feine, krümelige Teile wie lappige, von unverrotteten Zeitungslagen herrührende Reste und fladenartige Laubpäckchen miteinander. Auch holzige Zweigschnipsel gehören dazu. Würden wir die-

Abb. 17–19 (gegenüber): Im Frühjahr bringt man den Grobkompost aufs Beet und grubbert mit einem Dreizack oder Sauzahn, damit sich Erde und Kompost miteinander vermischen. Beim Sieben scheidet sich das Feine vom Groben, Grobkompost fällt wegen seiner klumpigen oder lappigen Beschaffenheit nicht durch die Maschen. Das Feine rieselt durch und wird als Pflanz- und Säschicht mit dem Rechen aufs Beet obenauf verteilt

ses Durcheinander von Grob- und Feinkompost auf die Beetoberfläche packen, entspräche das zwar einem naturgemäßen Idealzustand, Saatrillen könnten wir jedoch in diesem Chaos nicht ziehen. Selbst wenn wir das mehr schlecht als recht fertigbrächten – Amseln würden durch ihr Scharren die jungen Keimlinge schonungslos umreißen oder zudecken. Also muß dieser unreife Kompost bedeckt werden. In den ersten Jahren habe ich versucht, ihn unterzugraben, so daß von unten heraufgeholte Erde über den Kompost zu liegen kam. Bei einer flachen Kompostschicht ging das. Mußte ich allerdings 10 cm (oder manchmal mehr) Kompost so mit Erde zudecken, blieben Kompostreste stellenweise obenauf liegen oder wurden beim Rechen wieder heraufgezogen. Also brachte das Untergraben nur einen halben Erfolg.

Eine andere Methode, die ich versuchte, war das Durchsieben der gesamten Kompostmasse, durch die ich eine Trennung vom Grob- und Feinkompost erreichte. Mit der Schichtung: – Grobes unten, Feines darüber – erreichte ich den gewünschten Zustand: Ich konnte Saatrillen markieren und Jungpflanzen einsetzen, ohne auf Grobteile zu stoßen. Nur eines machte große Mühe: Für das Durchsieben von 5 (in Worten: fünf!) Kubikmeter Kompost brauchte ich gut zwei Wochen – bei Feierabendtätigkeit. Das artete schon in Plackerei aus und ich bekam sogar einen Tennisarm dabei. Außerdem erinnerte ich mich, daß es besser ist, frischen Kompost mit alter Erde zu mischen. In guter Dungkraft stehende Gartenerde enthält Milliarden bodenbildender Mikroben, mit denen frischer Kompost geimpft werden sollte, um schneller eine homogene Erde zu erhalten. Ich kam also auch aus diesem Grund von dieser Praxis wieder ab und hielt es für besser, den Kompost mit Gartenerde zu bedecken, weil der Angriff der Erdmikroben von oben und unten eher Erfolg haben würde.

Müßte es nicht doch noch eine andere, weniger schweißtreibende Art der Beetbestellung geben, die das Nötige mit dem Nützlichen verbindet? Meine bis jetzt endgültige Version: Mit einer Breitschaufel hob ich eine 3–5 cm dicke Schicht Erde von der Oberfläche des Hochbeetes ab, »schälte« sie also gewissermaßen, und warf die Erde sofort auf den Kompost, der auf den Abschnitt davor aufgebracht worden war. Man arbeitet dabei also umschlägig: Wie man normal beim Umgraben die Erde der ersten Furche zunächst ans Ende des Grabestücks bringt, schafft man auch beim Hochbeet die Erde des ersten Meters der Beetbreite an die Endseite. Man läßt sie am zweckmäßigsten in Eimern oder in der Schubkarre liegen. Auf dieses »geschälte« Stück bringt man nun Kompost auf, verteilt ihn gleichmäßig und kann ihn auch noch anklopfen. Jetzt nimmt man den nächsten Meter in Angriff und wirft die Erde sofort auf den oben aufgepackten Kompost des zurückliegenden Meters. Damit fährt man so lange fort, bis das Ende erreicht ist. Zum Schluß dieses Umschaufelns wird mit einem breiten Rechen glattgestrichen, bündig mit dem Randbord. Diese ganze Arbeit schafft man in gut einer Stunde, ein Beet von 10 m Länge und 1,30 m Breite als Maß gesetzt.

Diese »Frühjahrskur« Jahr für Jahr wiederholt, schafft einen Boden erster Qualität für Gemüseanbau. Er ist zu vergleichen mit den Schwarzerdeböden unserer deutschen Börden oder der russischen Ukraine, die bekanntlich eine Ackerkrume allerbester Qualität besitzen, entstanden durch Jahrtausende dauernde Anwehungen von Löß, immer bewachsen mit Steppenpflanzen, die Jahr für Jahr sich dem immer wieder erhöhenden Bodenniveau angleichen mußten: locker, durchlüftet, mikrobenreich − überaus fruchtbar. Nur mit Stallmist oder durch weidende Tiere gedüngt, erbringt dieser Boden Weizen- und Zuckerrüben-Ernten mit den höchsten Erträgen und bester Qualität. In Rußland nennt man diesen Schwarzerdeboden »Tschernosjom«.

Sommerarbeiten (Sommermulch)

Das Jäten, Hacken, Häufeln und Gießen bleibt auch dem Hochbeetgärtner nicht erspart. Diese Arbeiten sind jedem, der einen Garten hat, von Anfang an geläufig. Nur hat es ein Hochbeetgärtner leichter: Er kann wegen der erhöhten Beete diese Arbeiten »im Vorbeigehen« erledigen, andere müssen sich dazu bücken.

Der Hochbeetgärtner kann zumindest das Gießen und Jäten einschränken, indem er zu einem Mittel greift, das beide Arbeiten durch einen Arbeitsgang (fast) ersetzt: das Mulchen. Gemeint ist das Aufstreuen von Schnittgut des Rasens oder gejäteten, samenfreien Unkrauts, der Stengel und Blätter von Stauden, von Sägespänen und Hobelschnitzeln usw. auf das Gemüsebeet, unter Beerensträucher oder Obstbäume. Man bewirkt so eine Beschattung des Bodens und setzt die Verdunstung der wertvollen Bodenfeuchte herab. Außerdem lockt der Mulch die Regenwürmer an, die das angerottete Mulchgut schon sehr bald in ihre Röhren hinabziehen und mit der Vererdung dieses organischen Abfalls beginnen. Letztlich unterdrückt der Mulch aufkommendes Unkraut. Man erreicht zwar keine totale Unkrautfreiheit, aber mehr als die Hälfte wird durch die Mulchauflage schon zurückgehalten. Im Winter wärmt eine Mulchdecke gegen das Eindringen der Kälte. Schon nach den ersten Rasenschnitten Ende April/Anfang Mai fällt Schnittgut an und kann auf jene Beete aufgebracht werden, deren Gemüsekulturen schon aus dem Früh-Stadium heraus sind. Auf die Kartoffeln z. B. kann man nach dem ersten Häufeln (Mitte Mai) bereits 5 cm dick Mulch streuen, hochstehende dicke Bohnen sind auch schon so fest im Boden verankert, daß selbst Schwarzdrosseln *(Turdus merula)* ihnen nichts mehr antun können. Unter Spargelschossen darf allemal im Mai gemulcht werden.

Ordnungsfanatiker könnten jetzt gegen das unsaubere Aussehen der Beete protestieren. Halten Sie diesen Anfechtungen stand! Es ist noch allemal sinnvoller, die Natur nachzuahmen als einem übertriebenen Ordnungsfimmel freien Lauf zu lassen. Im Wald fährt auch keine Kehrmaschine zwischen den Bäumen umher, sondern dort bleibt alles liegen, was an Ästen

Abb. 20-22 (gegenüber): Mai und Juni sind die wuchsfreudigsten Monate, leider nicht nur für die erwünschten Kulturen, sondern auch für Unkräuter. Einmal pro Woche sollte man deshalb jäten oder hacken.

Nach dem Ernten (Juli/August) bleiben Blätter und Rasenschnitt als Sommermulch auf den Beeten liegen. Er beschattet den Boden, hält ihn feucht und regt das Bodenleben an.

und Zweigen vom Sturm herabgebrochen wurde, was an Vogelfedern und -Kot herabfällt, was an Tierkadavern kleinster und größerer Tiere in Blättern eingebettet liegt, und was besonders im Herbst an Laub von oben herabrieselt. Dieses »Chaos« ist millionenmal älter und auch sinnvoller als menschlicher Ordnungssinn. Lassen wir doch um Gottes Willen auch die Natur dort zu ihrem Recht kommen, wo es sich um Pflanzenwuchs und Bodenpflege handelt. Denn Mulchen bedeutet im Grunde genommen nichts anderes als Pflege des Bodens im weitesten Sinne. Mulchen schützt nämlich nicht nur die Pflanzen, sondern nährt und wärmt auch eine Vielzahl von kleinen und kleinsten Tierchen. Außer den erwähnten Regenwürmern bietet Mulch auch Tausendfüßlern, Asseln, Käfern und anderen Zweiflüglern Schutz, allesamt Nützlinge, die schließlich das Bodenleben intakt halten. Nackter Boden bietet ihnen keinen Unterschlupf. Er läßt die Sonnenstrahlen ungefiltert in die erste Bodenschicht eindringen, wo sie alle empfindlichen Bakterien, Urtierchen, Algen usw. töten.

So ist Mulchen eine Wohltat für die Erhaltung von Pflanze und Tier im Bodenbereich. Im Sinne des Umweltschutzes sollte man es in jedem Garten, besonders aber bei Hochbeeten als unerläßlichen Arbeitsgang betreiben.

Grasschnitt vergilbt bereits nach wenigen Wochen und wird dann von den Würmern gefressen. Deshalb kann bereits nach 4 Wochen die nächste Schicht Mulchmasse aufgebracht werden, eine perfekte Recycling-Methode!

Sobald Erbsen und dicke Bohnen abgeerntet sind, fallen das Erbsenstroh und die Bohnenstengel als willkommenes Mulchgut an. Durch ihre Sperrigkeit liegt es so fest, daß die Amseln, die sonst alles durcheinanderscharren, es nicht mehr bewegen können. Macht man dazwischen kleine Nischen, so sind dies die sichersten Plätze für junge Brokkoli- oder Knollenfenchelpflanzen. Auch Rote Beete können hier noch als Nachfrucht gedeihen. Lästig können nur die Nacktschnecken werden. Geht man nach Einbruch der Dunkelheit mit einer Taschenlampe durch die Reihen, fällt einem das Absammeln nicht schwer. Zusätzlich hilft auch ein mit Bier gefüllter und bis zum Rand eingegrabener Joghurtbecher gegen Schnecken. Nur muß man

sie etwa jede Woche kontrollieren und evtl. nachfüllen.

Auch Gemüseblätter läßt man auf den Beeten liegen, wenn man Sellerie, Kohlrabi, Rote Beete, Möhren usw. erntet. Eine Ausnahme bilden kohlherniebefallene Kohlstrünke. Die sollte man besser dem Mülleimer übergeben, bevor sie mit ihren Pilzsporen ein ganzes Beet verseuchen.

Herbstarbeiten (Wintermulch)

Um die Monatswende Oktober/November wird es Zeit, die Hochbeete für den Winterschlaf vorzubereiten. Sie sollten jetzt einen Wärmeschutz bekommen, damit der Boden nicht von oben bis unten durchfriert. Bei Frost dehnt sich die Füllerde bekanntlich aus und könnte so die Wände sprengen (Spaltenfrost). Zum anderen wollen wir, so gut es geht, das Bodenleben schützen. Die Erfahrung hat gezeigt, daß es an milden Wintertagen immer wieder zu einem Aufleben der Bodenlebewesen kommt. Zumindest werden die Regenwürmer wieder aktiv. Auch schützt ein Wintermulch vor Regenauswaschung und vor Austrocknung bei strengem Frost. Deshalb verpassen wir den Beeten einen wärmenden Mantel.

Wenn das Laub fällt, haben wir genug Masse, um die Beet-Oberfläche damit einzuhüllen. Zwei gefüllte Torfmullsäcke pro Beet hat sich bei meinen Beeten als das richtige Maß erwiesen. Das entspricht etwa einer handbreiten Auflage. Man verteilt das Laub gleichmäßig mit der Grabgabel. Dann kommt entweder eine gelochte Folie darüber oder ein Langnetz aus Nylonfaden, wie man sie in den Samenhandlungen

Abb. 23 (gegenüber): Im Oktober/November nutzt man zusätzlich die anfallenden Laubmassen zur Abdeckung der Beete als Wintermulch. Netze schützen vor dem Verwehen. So können sich Hochbeete einen wärmenden »Pullover« überziehen

Abb. 24 (gegenüber): Ein Schneemantel im Winter ist der beste Schutz gegen Erfrierungen der Wintergemüse. Auch können unter dem Schnee die Bodenlebewesen ihr nützliches Werk fortsetzen

Abb. 23 ▲   Abb. 24 ▼

Übersicht 10: Jahresarbeitsplan des Hochbeetgärtners

Januar	Pflanzplan ausarbeiten Saaten bestellen	**Juli**	Erntemonat für Erbsen, Dicke Bohnen, Kohlrabi, Rote Beete ..., Kartoffeln
Februar	Obstbäume und Sträucher schneiden Zweige häckseln zur Kompostgewinnung und zu Mulchzwecken		abgeerntete Beete nachdüngen und Nach- kulturen auspflanzen: Brokkoli, Knol- lenfenchel, Chinakohl, Endiviensalat, Spinat
März	Laubdecke von Hochbeeten entfernen Sieben des Komposts (für Saatkästen u. Tiefbeet, Sommerblumen ...) Aufbringen des Komposts auf die Hoch- beete, Herrichten zur Aussaat Aussaat in Kästen aufs Fensterbrett: To- maten, Sellerie, Lauch, Salat. Aussaat ins Freie: Dicke Bohnen, Petersi- lie, Möhren, Schwarzwurzeln, Zwiebeln, Spinat ...		Zucchini-Ernte, Stangenbohnen Mulchen
		August	Ernte von Möhren, Gurken, Kohlrabi, Sa- lat, Zucchini, Buschbohnen Grünkohl pflanzen, Neuanpflanzung von Erdbeeren Mulchen mit Gemüseblättern
April	Beetbestellung: Erbsen, Salat, Rote Beete, Radies, Frühkartoffeln, Küchenkräuter. Frühbeet Vorkultur: Kohlrabi, Rosenkohl, Sonnenblumen	**September**	Erntemonat wie August Beerensträucher schneiden, sofort ver- häckseln Feldsalat aussäen
Mai	Nach den Eisheiligen: Tomaten, Sellerie pflanzen, Buschbohnen legen. Erbsen, Kartoffeln, Bohnen häufeln bzw. anreisern Mulchen mit Grasschnitt Zucchini, Kürbis, Gurken vorziehen Spargel-Ernte	**Oktober**	Kompostbehälter und Tiefbeete leeren und daraus Komposthaufen aufsetzen Brokkoli und Sellerie ernten
		November	Sellerie und Knollenfenchel ernten, Por- ree-Ernte Laubdecke auf die Hochbeete aufbringen, Folie überziehen Komposthaufen abdecken und winterfest machen nach erstem Frost: Grünkohl- und Rosen- kohlernte
Juni	Kürbis, Zucchini auspflanzen − Kohlsor- ten auspflanzen Tomaten ausgeizen Mulchen Sommerradies und Sommer-Kopfsalat nachsäen	**Dezember**	Grünkohlernte (nach erstem Frost) Gartengeräte pflegen Ruhemonat

kaufen kann. Das tun wir, damit nicht ein Win-
tersturm, falls keine Schneedecke vorhanden
ist, das Laub vom Beet wieder herunterweht.
Die Folie wird ihrerseits wieder mit Brettern
oder Stangen am Rande beschwert.

Dann kann der Winter kommen, hoffentlich
mit viel Schnee. Er bildet eine weitere Isola-
tionsschicht gegen den Bodenfrost. Solange
noch die Bodenflora und -fauna aktiv sein
kann, verbessert sich die Bodengare. Diesen
Vorgang sollten wir durch die oben beschriebene Maßnahme unterstützen.

Einige Kulturen können im Boden belassen
werden, z. B. die Schwarzwurzeln, der Feldsalat
und der Grünkohl. Auch der Winterporree
kann im Freien überwintern. Wenn man das
vorhat, sollte man diese Kulturen nicht in die
Beetmitte, sondern an den Rand setzen. So
kann man über Winter daneben die Laubdecke
ausbringen, ohne die Kulturen zuzudecken.
Denn atmen müssen diese Gemüse auch über
Winter: Unter Laub begraben, fault das Grün
und schädigt auch die Wurzeln.

5 Beschreibung der Funktion des Hochbeetes

Wirkung des Randbordes

Bei der frühjährlichen Bereitung der Hochbeete wird das im Laufe des Vorjahres eingetretene Absinken des Bodens wieder ausgeglichen. Dabei richtet man sich nach dem oberen Rand der Beetwände: Nach Auftragen von Rohkompost und darüber der Erde von »nebenan« (wie auf Seite 50/51 beschrieben) oder des durchgesiebten Kompostes wird das Aufgefüllte mit dem Rechen glattgezogen — »gestrichen voll« in exakter Höhe der Borde.

Aber schon nach wenigen Wochen, besonders nach regenreichen und warmen Tagen, sind unsere »Rottehelfer« wieder aktiv geworden: ihr Stoffwechselprozeß verwandelte organisches Material (Nähr-Humus) in Dauer-Humus um, wobei eine beträchtliche Menge Wärme gewissermaßen als »Abfallprodukt« entstand und sich in den Luftraum verflüchtigte, nicht ohne den keimenden Samen vorher einen Energiestoß abgegeben zu haben. Sie ließen dadurch die obere Marke der Beetauffüllung um einige Zentimeter sinken und gaben ein Randbord frei, das sich im Laufe einer Vegetationsperiode als nützlich erweist.

Zunächst erleichtert das so entstandene Bord die üblichen Pflegearbeiten: Häufeln, Hacken, Jäten, Gießen. Nichts, kein Krümel Erde, geht über Bord, alles wird aufgefangen. Schon im Mai kann es Gewitterfronten geben, die gewaltige Massen Regenwasser sturzbachartig zu Boden fallen lassen. Der Bordrand fängt selbst Seen von Regenwasser mühelos auf und läßt diesen Segen den tiefgelegenen Zonen zukommen. Abschwemmungen, die gefährlichste Art der Erosion, sind so unmöglich.

Auch beim Mulchen bietet die überstehende Kante (Bordwand) einen Vorteil. Während bei Flachbeeten die Amseln — auch Schwarzdrosseln genannt — durch ihr unermüdliches Scharren nach Würmern und Insekten den aufgebrachten Kompost oder Rasenschnitt durcheinander wühlen und wegräumen und dabei das Saatbeet verunstalten, hält sich beim Hochbeet mit überstehender Bordwand der Schaden in Grenzen. Die heugewordene Mulchdecke kann durch die Vögel zwar etwas zur Seite verschoben, aber nicht über die Bordkante weggeräumt werden.

Ein weiterer Vorteil dieser Borde: Man kann mit Bohrungen Löcher herstellen, in denen Drahtbügel ihre Verankerung finden können, an denen wiederum Folien angeheftet werden. Die so entstehende Haube bietet Wärmeschutz für Frühbeetkulturen.

Gasaustausch im Hochbeet

Auf eine einfache Formel gebracht, heißt Gasaustausch für jeden fruchtbaren Gartenboden: Sauerstoff rein, Kohlendioxid raus. Es ist deshalb eine berechtigte Frage, wie denn bei Hochbeeten dieser Gasaustausch gewährleistet ist, wenn vorher beschrieben wurde, daß die Wände bis auf ein paar Bohrlöcher mehr oder weniger luftundurchlässig sind, die obere Hälfte der Füllung aber aus einer Mischung von Erde und viel Kompost besteht.

Das haben wir doch alle gelernt: zur Verrottung ist Luft nötig, sonst fängt die Sache an zu stinken und die Salpeterfresser lassen das pflanzennotwendige Nitrat als Ammoniak in die Außenluft entweichen. Wie kommt also der

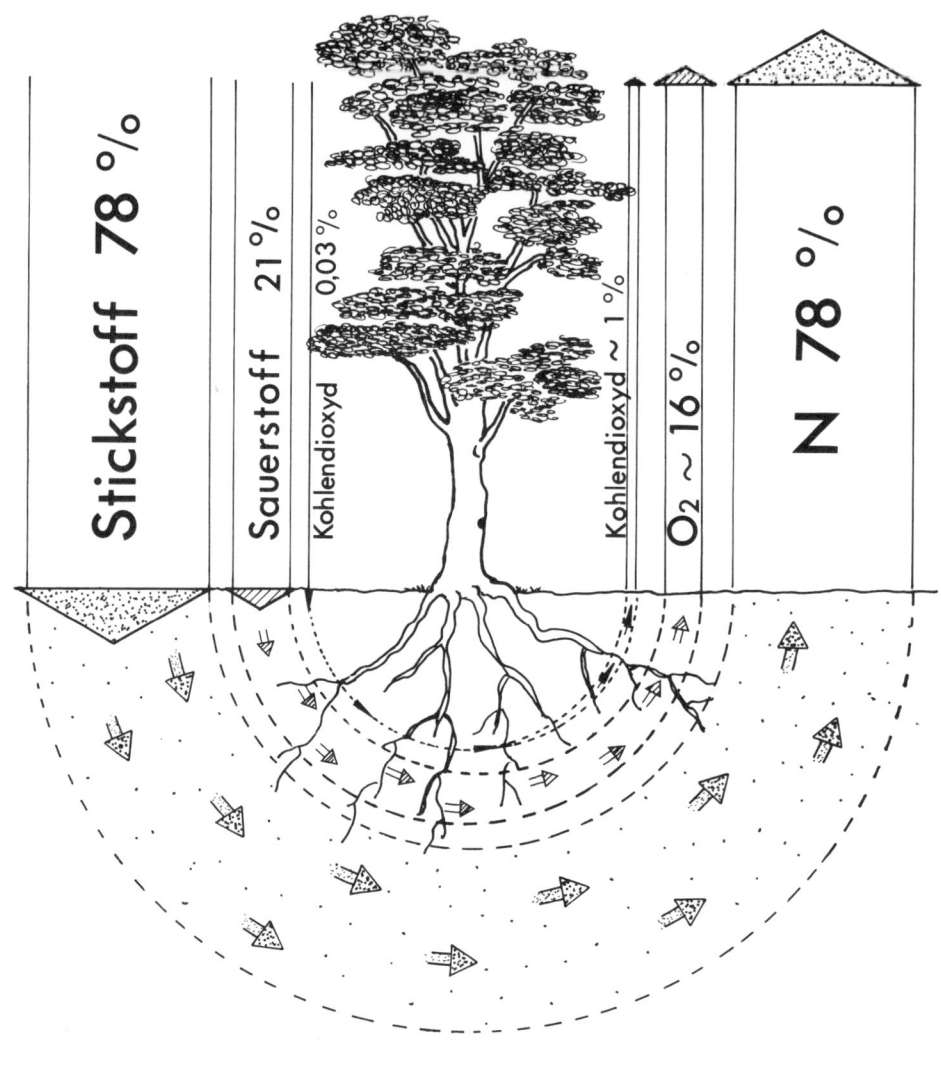

BODENLEBEN

Zeichnung 16: Boden-Gasaustausch: Pflanzenwurzeln und die Milliarden von Bodenorganismen atmen. Sie brauchen dazu frische, sauerstoffreiche Luft und scheiden mit Kohlendioxyd angereicherte Luft wieder aus. Diesen Kreislauf halten physikalische Vorgänge wie Temperaturunterschied, Gewichtsveränderung und Sogwirkung in Gang. Die Erhöhung des CO$_2$-Ausstoßes kommt den Pflanzen auf Hochbeeten als wachstumsfördernder Faktor zugute

Sauerstoff 50 cm tief und tiefer in den Boden hinunter?

Die Lösung dieser Frage liegt in der Art der Beschickung des Hochbeetes. Bei der Packung des Füllmaterials, insbesondere der Brettstücke, der Holzknüppel und des unzerkleinerten Reisigs, sind Hohlräume gar nicht zu vermeiden. In diesen Höhlungen hält sich die für Bodenorganismen nötige sauerstoffhaltige Luft, und zwar bis in ca. 1 m Tiefe hinab.

Folgt die nächste Frage: Was bewirkt die Ventilation zwischen verbrauchter und frischer Luft? Pflanzliche und tierische Kleinorganismen des Bodens atmen in ihrer aktiven Zeit Sauerstoff ein und scheiden kohlendioxydangereicherte Atemluft wieder aus. In den Hohlräumen und Poren des Hochbeetes nimmt daher der Prozentsatz des O_2 ab und der CO_2-Anteil zu. Wenn es zu keinem Austausch zwischen atmosphärischer und verbrauchter Luft käme, müßte die Bodenluft in kurzer Zeit verpesten. Dann ginge nichts mehr: Das Bodenleben stirbt und Pflanzen müßten verdorren, weil die Wurzelatmung unterbleibt.

Da eine solche Katastrophe offensichtlich nicht eintritt, muß es einen Mechanismus geben, der dies verhindert. Und es gibt nicht nur einen, sondern mehrere:

Erstens nimmt das spezifische Gewicht des Bodengases durch den Sauerstoffverbrauch ab. Er wird vom Stoffwechsel- und Wärmehaushalt der Milliarden Bodenlebewesen um ein Beträchtliches verzehrt. Nach physikalischen Gesetzen muß aber ein leichter gewordenes Gas einem schwereren den Platz überlassen, wenn beide sich gegenseitig bedrängen. Die von oben kommende Frischluft hat das schwerere Gewicht, weil sie den vollen Gehalt an Sauerstoff mitbringt.

Zweitens besteht ein Temperaturunterschied zwischen beiden Luftarten: Die Bodenluft wird durch Erwärmungsprozesse innerhalb der Humusschicht um einige Grade »aufgeheizt«. Deren Moleküle werden größer und damit auch leichter als das Volumen der kälteren Normalluft. Sie steigt deshalb auf.

Drittens geht ein Teil des CO_2 mit dem immer vorhandenen Bodenwasser in Lösung über (Kohlensäurebildung) und verringert das Gewicht zusätzlich.

Viertens muß auch eine Sogwirkung angenommen werden: Luft ist an der Beetoberfläche meistens in Bewegung. Dieser mal schwächere, mal stärkere Wind reißt die in den Poren sitzende Bodenluft mit und schafft auf diese Weise kleine Vakuen. Durch deren Auffüllung und Wiederentleerung entsteht eine funktionierende Ventilation und der Umsatz beider Gasarten wird beschleunigt.

Ähnlich ist auch die Wirkung des Windes auf Gewässer: Je mehr die Oberfläche durcheinandergewirbelt, desto sauerstoffreicher wird das Wasser.

Wir erkennen, daß der ständige Austausch verbrauchter mit frischer Luft nicht nur stattfinden kann, sondern zwangsläufig stattfinden muß. So gelangt das Kohlendioxyd-Gas an die Beet-Oberfläche. Es kann im Extrem bis zum 50fachen des normalen Anteils angereichert sein (statt 0,03 nun 1,5% der atmosphärischen Luft). Die an der Unterseite der Pflanzenblätter sitzenden Spaltöffnungen nehmen das CO_2 auf, und die Pflanze assimiliert bei Tageslicht dieses Gas, indem sie den Kohlenstoff (C) vom Sauerstoff (O_2) trennt. Das Element C wird in Pflanzengewebe verwandelt, das Oxygenium (O_2) entweicht in die Luft.

Jetzt haben wir einen weiteren Grund kennengelernt, weshalb das Gemüse auf Komposthaufen, Hügel- oder Hochbeeten schneller wächst und bessere Erträge bringt: Weil dort das Kohlendioxyd reichlicher zur Verfügung steht als auf Flachbeeten.

Freilich preßt der Druck aufliegender Erde diese Hohlräume im Laufe der nächsten 4 bis 5 Jahre immer mehr zusammen – der Beweis funktionierender Ventilation, weil alljährlich eine Setzrate der Beet-Oberfläche von 10 bis 15 cm festzustellen ist. In dieser Zeit klappt dieses Lüftungssystem aufs beste und unsere Helfer im Dunkeln verrichten ihre humusbildende Zersetzungsarbeit in verläßlicher Weise. Sauerstoff gelangt auch ins Beet, weil jeder Regentropfen gelöste Luft enthält, die er bei seiner Entstehung in der Atmosphäre aufgenommen hat. Beim Versickern gibt er an die Saugwurzeln der Pflanzen einen Teil der Luft wieder ab, ein anderer wird von den Bodenmikroben und der Bodenfauna zu deren Stoffwechsel aufgenommen.

Regenwürmer, insbesondere die Art *Lumbricus terrestris,* pendeln in verschiedenen Jahreszeiten über 2 m vertikal in eigenen gegrabenen Röhren. Diese Röhren sind durch »Tapezierung« mit körpereigenen Ausscheidungen sehr stabil. Durch sie hindurch gelangt Luft selbst in größere Tiefen. Schließlich ist auch das Endprodukt, das die Bodenorganismen hinterlassen, nämlich der krümelige Humus, die Eingangspforte für den Luftsauerstoff: die Zwischenräume zwischen den Krümeln sind sowohl durchlässig für das von unten aufsteigende CO_2 als auch für das von oben eindringende Sauerstoffgas.

Sollte man die Beetoberfläche von Hochbeeten mit Folie abdecken, um Feuchtigkeitsverlust zu vermeiden? Nein, denn so wird der wichtige Gasaustausch entscheidend behindert. Die Luft muß ungehindert zirkulieren können. Auch das Ausströmen von Kohlendioxyd von unten ist für die Assimilation der Pflanzen auf dem Beet lebenswichtig. Je mehr CO_2 − desto günstiger die Wachstumsbedingungen. Also lassen wir die Folie besser weg.

Anfangs wollte ich in die Seitenwände Löcher bohren, um dann dem für die Verrottung notwendigen Sauerstoff Eingang zu verschaffen. Ich bin aber schnell wieder von dieser Idee abgekommen. Denn diese »Nachhilfe« ist nach den beschriebenen Mechanismen des Gasaustausch nicht nur unnötig, sondern auch bedenklich. Dann entweichen aus den Seitenlöchern nämlich auch Wärme und die notwendige Feuchtigkeit, abgesehen von dem Verlust an CO_2-Gas, das wir für die Wachstumserfolge als so förderlich erkannt haben.

Die Bedeutung des Sauerstoffs für Pflanzenwachstum und Bodenleben

Der Sauerstoff (O_2) ist für alle Organismen ein unverzichtbares Lebenselixier. Da jedes Lebewesen − ob Mensch, Pflanze oder Tier − atmen muß, um zu existieren, wird er zur Versorgung der Organe und zur Verbrennung der Nahrung als Energiefaktor benötigt. Auch Pflanzen halten ihren Stoffwechsel mit seiner Hilfe in Gang, wenngleich der Kohlenstoff das Element ist, das ranggleich neben ihm steht. Das CO_2 ist die Verbindung dieser beiden Elemente, Kohlendioxyd genannt. Es ist nur mit 0,03 Prozent in unserer Luft enthalten, neben einigen anderen sogenannten Edelgasen noch nicht einmal 1% der gesamten Luft. Mit fast 21% ist Sauerstoff der mengenmäßig zweitrangige Teil der Atmosphäre. Den Hauptanteil hat der Stickstoff, er verbucht rund 78 Prozent, ist aber für die meisten Pflanzen nicht aufnehmbar. Das können nur wenige Spezialisten unter den Bakterien.

Wie sehr auch die »Unterirdischen« − gemeint sind die im Boden lebenden Urtierchen, Bakterien, Springschwänze, Milben, Würmer usw. − vom Sauerstoff abhängig sind, zeigt die Färbung des Bodens ganz deutlich an. Wo er schwarz oder dunkelbraun aussieht, ist er lebendig, dort entfalten die Organismen ihre nutzvolle Wirksamkeit. Der Sauerstoff ist dafür die Voraussetzung. Er befähigt sie, aus rohem Boden einen fruchtbaren zu machen. Doch schon nach 20-30 cm läßt diese Segen merklich nach: Die Luft wird knapp und damit ändert sich auch die Bodenfarbe, sie wird heller. Nach der Färbung unterscheiden Bodenkundler auch verschiedene Horizonte. Oben liegt die A_h-Schicht, Ackerkrume oder Mutterboden genannt: humos, belebt und gut durchlüftet. Darunter, deutlich aufgehellt, die Unterschicht (B_v): mikrobenarm und schlecht versorgt mit Sauerstoff − der Verwitterungsboden. Er stellt eine Übergangsstufe im Bodenprofil dar. Die dritte und mächtigste Schicht ist der C-Horizont: der gewachsene mineralische Boden, steinhart, unverwittert, die Quelle der Bodenfeuchte und des Grundwassers, gefärbt nach dem anstehenden Gestein. Er entbehrt jeglichen Lufthauchs. In ihn dringen nur die Wurzeln der Bäume ein und versorgen sie mit dem nötigen Mineral- und Wasserbedarf. Auch der Regenwurm gräbt seine Röhren bis in diese Grenzzone hinunter. Er schafft durch sie Sauerstoffmoleküle hinab und bringt als Gegenleistung gelöste Verwitterungsprodukte mit nach oben, wo sie die Pflanzen mit frischen Mineralien versorgen. Sauerstoff ist nämlich nicht nur die Leben ermöglichende Droge, sondern auch der Zerstörer alles Festen. Ob Metall oder Fels – seiner Wirkung kann sich keiner entziehen. Sowohl die Korrosion als auch die Verwitterung haben ihre Ursache in der Oxydation, d. h. Verbindung mit Sauerstoff. Und weil der Regenwurm durch sein Röhrengraben nicht nur den Boden lüftet, sondern auch durch Sauerstoff-Transport der Verwitterung dienlich ist, hielt Darwin ihn für das nützlichste Tier der Welt.

Wenn der Prozeß des Absinkens einmal aufhört

»Was wird aus den Hochbeeten, wenn das Zusammensacken einmal aufhört? Dann sind doch keine Hohlräume mehr da!« – werde ich oft gefragt. Die Antwort ist einfach: Alle Vorzüge bleiben erhalten.

Die bequeme Arbeitshöhe bleibt. Der Humusreichtum bleibt nicht nur, er hat durch den jährlichen Zuwachs von Kompostschichten sogar zugenommen. Infolgedessen bleibt auch die Fruchtbarkeit des Bodens – sie ist ein Dauerzustand geworden (Schwarzerde-Effekt). Die Abwehrwirkung der tiefreichenden Wände gegen Nager bleibt. Die Wärme des Hochbeets bleibt. Je schwärzer und poröser der Humusboden ist, desto günstiger auch das Wärmehaltevermögen.

Die Wärme wird ja nicht nur durch aufgenommene Sonnenenergie, von oben und den Seiten kommend, gespeichert, sondern auch durch die schon beschriebenen Verrottungsprozesse im Innern verursacht. Dazu eine einschränkende Bemerkung: Bodenmikroben sind sehr temperaturabhängig. Bei kühler Witterung, erst recht aber bei Frost, stellen sie ihre Aktivität ein. Erst bei ca. 8 °C (Tagesdurchschnitt!) werden sie wieder virulent. Hat also der Frühling mit steigender Sonne erstmals höhere Wärmegrade beschert, wie es sich jeder Gärtner wünscht, erlebt das Bodenleben eine Art »Initialzündung« und die Bakterien erzeugen wieder die wachstumsfördernde höhere Innentemperatur. Selbst die in der Tiefe liegenden Holz-

klötze und Zeitungsstapel tragen dann dazu bei – wenn auch nur »auf Sparflamme« geschaltet.

So viele Pluspunkte hat keine andere Beetform aufzuweisen. Hochbeete brauchen deshalb auch nie ausgeräumt zu werden. Alles bleibt im wandumzogenen Beet – und je mehr aufgefüllt wird, desto fruchtbarer wird das Ganze. Hochbeete werden deshalb auch Perma-Beete genannt, d. h. sie sind permanent (dauernd, anhaltend) fruchtbar.

Das einzige, was sich tatsächlich ändert, ist der Wegfall der hitzigen Verrottungsphase. Im zeitigen Frühjahr, wenn das Hochbeet fertig gepackt ist und die ersten warmen Tage ins Land gehen, gerät das Hochbeet in »Hitze« – nicht überall, sondern zunächst stellenweise. Die Erklärung: Heubakterien vermehren sich binnen weniger Tage explosionsartig und erhöhen die Temperatur im Innern des Beetes bis auf 40 Grad. Gut, daß wir beim Packen besonders oben viel Erde mit eingelagert hatten, sonst könnte es zu einem offenen Brand kommen. Erde dämpft die hitzige Verrottung. Wir kennen ja das Veraschen von hitzigem Pferdedung – er war innen zu trocken geworden und brannte, natürlich nicht mit heller Flamme, sondern mit einem Minimum von Sauerstoff – ein Schwelbrand also. Der sich jährlich im Frühjahr wiederholende Kompostauftrag bringt zwar keine hitzige Verrottung mehr, wohl aber einen meßbaren, wenn auch nur geringen Wärmeanstieg.

Der Schwundprozeß zieht sich über mehr als 7 Jahre hin. Mein erstes Beet ist 1978 gebaut worden, jetzt schreiben wir das Jahr 1986 und die Oberfläche hat sich wieder um ca. 3 cm gesenkt. Die Schwundraten sind aber von Jahr zu Jahr geringer geworden – ein Beweis dafür, daß auch nach 7 Jahren noch immer Hohlräume gegeben hat.

Ein anderer Grund der Volumensverminderung sind die Zersetzungsvorgänge der Biomasse selbst. Dazu ein Beispiel: Ein frisches Laubblatt hat einen Wassergehalt bis zu 90 %, also nur 10 % Trockenmasse nach abgeschlossener Welke. Ins Hochbeet gebracht, beginnen die unterirdischen Helfer ihr Werk: Sie zerstören Gewebe samt Zellstruktur völlig und damit selbstverständlich alle organischen Verbindungen wie Kohlehydrate, Eiweiße, Fette, Säuren,

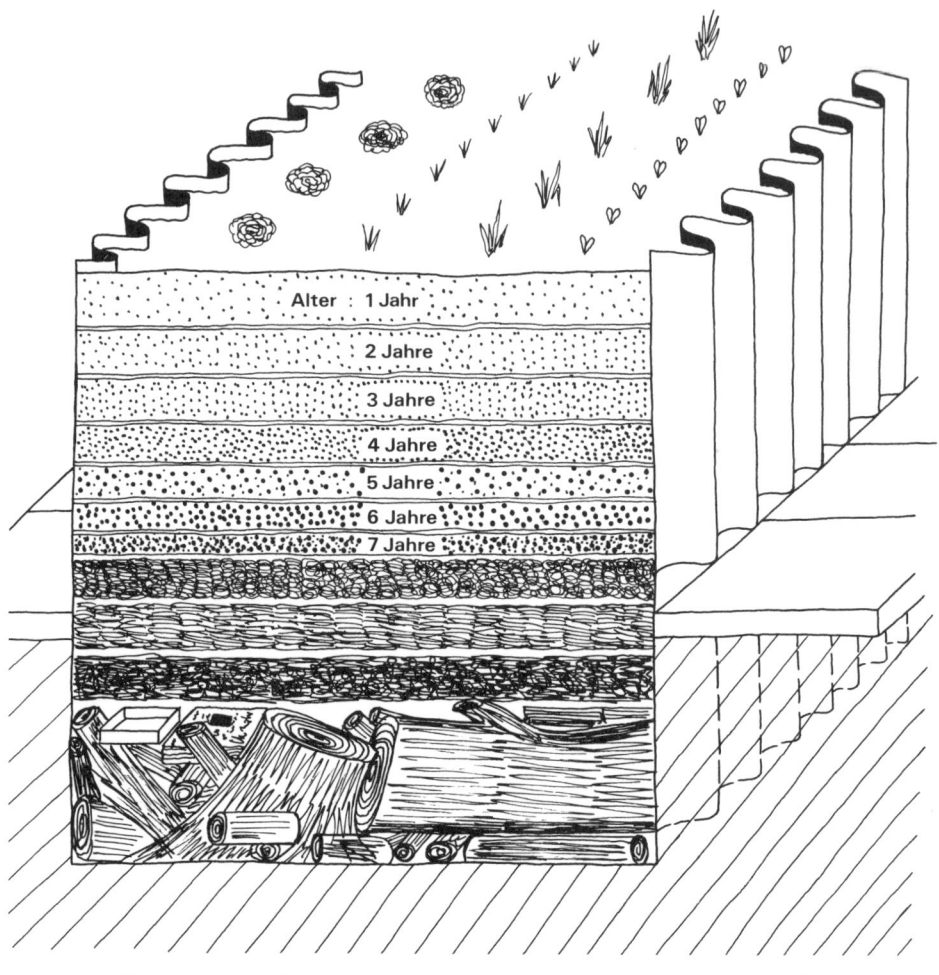

Alter : 1 Jahr
2 Jahre
3 Jahre
4 Jahre
5 Jahre
6 Jahre
7 Jahre

Zeichnung 17: Nach 6 Jahren ist die Humusschicht im Hochbeet zu einer mächtigen Decke angewachsen. Diese meterdicke Schicht wirkt wie ein Schwamm, der die Niederschlagsmenge lange festhält. Die Krümelstruktur des Humus läßt die Luft tief in den Boden eindringen. Organische Substanzen liefern den Nährstoffreichtum

Duftstoffe, Gerbstoffe usw. Dabei bilden sich Gase, z. B. wird aus Kohlenstoff CO_2, aus Stickstoff Ammoniak, die sich verflüchtigen. Als Restbestand bleibt nur das Mineralische zurück, und das sind höchstens noch 1-2% der Frischmasse.

Damit ist klar geworden, daß sich mit der Verrottung zeitgleich auch das Volumen im Beetinnern verringert. Beide Ereignisse bedingen einander. Wenn nichts mehr zum Zersetzen da ist, wandern die Mikroben entweder an andere lohnendere Stellen ab, sterben oder gehen in Zystenform über, d. h. sie bilden Überdauerungsformen, die dann wieder ins Leben zurückfinden, wenn neues Substrat über sie kommt.

Nachdem ich durch Wegnehmen eines halben Meters von der Kopfseite eines Hochbeets Einblick auf das frische Profil genommen hatte, sah ich eine Vielzahl größerer und kleinerer Löcher. In diese Höhlen rieselte der schwarze Humus hinein. Daraus läßt sich schließen, daß die Zersetzung schneller vor sich geht als das Auffüllen der Hohlräume. Das war auch zu erwarten: So wie ein Komposthaufen nach einem Jahr um ein Drittel zusammenfällt, ist es auch bei dem mit ihm verwandten Hochbeet. Erst verwesen die schnellzersetzbaren Kompostbestandteile: Krautiges, Blätter (außer Eichen- und Buchenblätter), Kartons, Papierlagen, Holzspäne, Sägemehl, Küchenabfälle sind binnen eines Jahres bis zur Unkenntlichkeit zersetzt. Länger als 2 Jahre hält auch strauchiges Zweigholz nicht. Nach drei Jahren sind selbst besenstieldicke Äste vermodert. Nur Stamm-Abschnitte und Wurzelstubben lassen sich ein paar Jahre länger Zeit, bis auch sie etwa nach 8-10 Jahren den Weg alles Vergänglichen gegangen sind.

Die Hohlräume werden besonders nach heftigen Gewitter-Regengüssen zugefüllt. Dann habe ich stellenweise Einbrüche der Oberfläche von 10 cm Tiefe beobachtet. Auch länger anhaltender Frost und darauf folgendes Tauwetter verursachen ein schubweises Einsinken der Erde. Vermutlich gerät dann der bis in die Tiefe feuchte Boden ins Rutschen, ähnlich den Geröllawinen in den Alpen nach tagelangen Regenfällen.

Eine Brache als Erholungszeit für Hochbeete?

Die Brache war im Mittelalter die Erholungsphase für Äcker, die im Wechsel zwischen Sommer-, Wintergetreide und Hackfrucht als Weideland fürs Vieh dienten. Kühe, Pferde und Schweine sorgten durch ihren Kot für Düngung und machten die Felder so wieder aufnahmebereit für das nächstfolgende Dreifeldersystem. Einige Saatenhersteller bieten auch für Kleingärtner eine Bepflanzung für eine Ruhepause ihrer Beete an: z. B. Calendula (Ringelblume), Tagetes (Studentenblume), Rainfarn u. a. Ist eine solche Kur auch für Hochbeete nötig?

Mit durchschnittlich zwei, auf manchen Beeten sogar drei Ernten kann auf Hochbeeten eine Freiland-Intensivkultur betrieben werden, wie sie sonst nur in klimatisch bevorzugten Gegenden Deutschlands, etwa im Bodenseegebiet (Gemüse-Insel Reichenau) oder im Oberrheintalgraben möglich ist. Der entscheidende Unterschied ist aber, daß im üblichen Plantagen-Anbau die wichtigste Nährstoffquelle der Mineraldünger ist. Anders bei den Hochbeeten: hier ist die jährlich wiederholte Kompostauflage eine biologische Regenerationskur ersten Ranges. Schon Professor Alwin Seifert (1890-1972) beschrieb dieses Verfahren in »Gärtnern, ackern — ohne Gift«, als er jahrelang hintereinander just am selben Ort immer wieder Kartoffeln anbaute, der Überzeugung vertrauend, daß allein Kompost alle nötigen Nähr- und Humusstoffe enthält, ein ausgelaugter Boden zur Wiederauffrischung und Wiedergesundung benötigt.

Wohlgemerkt: mein Kompost besteht nicht allein aus den sonst hauptsächlich anfallenden Küchen- und Gartenabfällen, sondern wurde angereichert mit stickstoffhaltigen Volldüngern, wie Hornspäne, Knochenmehl, Guano oder Oscorna, Volldüngern also, die dem Zellulose-Überangebot ein Äquivalent an Stickstoff- und Phosphor-Nährstoffen bieten. Alle 3 bis 4 Jahre mische ich auch mal eine Fuhre Rindermist dem meist aus Laub und Zeitungspapier bestehenden hauseigenen Kompost bei, um so ein

Allround-Nährstoff-Gemisch zu erhalten. Dieser eigentlich noch »unreife« Kompost erfährt durch das im Frühjahr vorgenommene Sieben eine intensive Durchmengung, wird dann als Nährhumus auf die Hochbeete als Schwund-Ausgleich verteilt und mit der Oberflächen-Erde mittels Dreizack-Grubber vermengt. Keine anderen Dünger kommen aufs Beet, denn etwas Gehaltvolleres und zugleich Natürlicheres als Kompost gibt es gar nicht. Höchstens, daß ich auf den Beeten, auf denen ich Kohl anbauen will, zusätzlich noch eine Kalkstreuung (6 Wochen vor der Pflanzung) aufbringe, das ist wirklich alles an Vorbereitung und Düngung Jahr für Jahr. Und es reicht auch, denn im Laufe der Vorjahre ist dem Beet dieselbe Behandlung zuteil geworden. Jedes Jahr immer die gleiche Prozedur hat Fernwirkung auf lange Zeit: es werden längst nicht alle Nährstoffe verzehrt; der Boden reichert sich also damit an, zumal auch durch konsequenten Fruchtwechsel nicht immer dieselben Nährsalze entzogen werden. Zum anderen wächst infolge immer wieder aufgebrachten Komposts die Humusschicht im Beet schrittweise an: eine Quelle an Nährsubstanzen aller Art und zugleich eine Apotheke für jede Art von Pflanzen, aus der sie sich im Falle von Seuchen-Ausbreitung oder Insektenbefall bedienen können.

Wird dieser Kompost gepflegt (s. S. 65 ff.), indem man für ständige Lüftung sorgt, können sich eventuell vorhandene pathogene Keime nicht weiter entwickeln. Sie werden durch Förderung der »gesunden« Keime an ihrer Ausbreitung gehindert.

Einem Beet nach einigen Jahren intensiver Bebauung eine Kur zu verordnen, hat sich im Laufe der bisherigen 8 Jahre als nicht notwendig erwiesen. Freilich: an der Fruchtfolge muß man schon festhalten, zumindest in dreijährigem Turnus.

Die berufsmäßigen Erwerbsgärtner praktizieren eine mindestens sechsjährige Pausenfrist, besonders im Hinblick auf Kohlhernie, die Pilzkrankheit, gegen die noch kein Kräutlein gewachsen ist. Um das auch bei mir durchführen zu können, müßte ich die doppelte Fläche und statt 6 dann 12 Hochbeete haben, ein Luxus, den ich mir nicht leisten kann. Und ich bin bisher ganz gut mit dreijährigem Fruchtwechsel gefahren.

Von Ermüdung und nachlassendem Ertrag keine Spur, im Gegenteil: Schnelligkeit des Wachstums und Größe des geernteten Gemüses nehmen eher zu als ab. Dieses erklärt sich durch die jährlich wiederholte Bodenerneuerung mittels Kompostauflage. Mit ihr »unterläuft« man die sonst immer notwendigen Fruchtfolgezeiten. Vielleicht wird es nach 7, 8 Jahren einmal ein Jahr geben, in dem ich für ein Halbjahr meinem Beet mal eine Grün-Düngungskur verordne — nämlich dann, wenn das Absinken so gering geworden ist, daß die Kompostauflage nicht mehr den Nährstoffentzug deckt, der bei der jährlichen Zwei-/Drei-Erntenwirtschaft entsteht.

6 Kompost

Kompost — mehr als nur ein Düngemittel

Es gibt so viele unterschiedliche und einschränkende Theorien, wie man Kompost herstellen kann, daß eine ausführliche Behandlung und Klärung notwendig erscheint.

Kein Kompost-Haufen eines Kleingärtners gleicht dem andern. Der eine wirft nur Küchenabfälle drauf und wundert sich, wenn daraus eine klebrige, stinkende Masse wird, aber keinesfalls ein streufähiger Kompost. Der andere verschmäht Rasenschnitt, weil er die Erfahrung gemacht hat, daß daraus bestenfalls eine schwarze, kleisterartige Masse entsteht, aber auf Verrottung noch nach Jahren nicht gehofft werden kann. Der dritte lagert Laub abseits seines Komposthaufens und verhindert damit eine Einbeziehung in die abgerundete Kompostmasse, die doch möglichst viele verschiedenartige Ausgangssubstanzen enthalten soll, damit das Ganze den Namen »Kompost« auch verdient. Das Wort kommt vom lateinischen *componere* und kann mit »Zusammengelegtes, Gesammeltes« übersetzt werden. Ein Vierter ist Kleinviehhalter und läßt auch nichts verkommen. Er wirft seinen Hühner- und Taubenkot fleißig aufeinander und wundert sich dann über gelbwerdende Pflanzen, weil sie die hohen Konzentrationen von stickstoff-haltigem Dünger als ätzende Wirkstoffe nicht aufnehmen können.

Wie macht man es denn nun wirklich richtig? Ich beziehe mich wiederum auf Prof. Alwin Seifert, der in seinem Buch »Gärtnern, ackern — ohne Gift« die besten Hinweise für Kompostbereitung gegeben hat. Er empfiehlt, dem täglich anfallenden Küchen- und Gartenabfall sowie Stallmist dann und wann ein paar Schaufeln reife Gartenerde oder Lehm zuzusetzen, um jede Einseitigkeit der Kompostierung zu vermeiden. Das heißt: Küchenabfälle allein ergeben keinen abgerundeten Kompost. Rasenschnitt oder Laubmassen können das ebensowenig, und jauchegetränkten Stallmist kann man auch nicht in gut duftenden humushaltigen Kompost verwandeln. Von jedem etwas und dazwischen eine dünne Schicht Erde (Lehm tut es auch), sozusagen als Impfung und Starter für das In-Gang-Kommen des Rotteprozesses, ergibt nach Lagerung über Winter einen streufähigen Allround-Kompost.

Auch ich habe Fehler gemacht: anfangs ließ ich die Erd-(Lehm) Beimischungen weg, kalkte nicht und warf nur das aufeinander, was vornehmlich die Küche an Kartoffelschalen und Speiseresten erbrachte. Warum das nichts werden konnte, ist mir heute klar: die Zutaten waren zu mager, die Klebstoffe zu häufig und deshalb konnte sich das Bodenleben in solchem Haufen auch nicht richtig entwickeln. Es kam zu Gestankbildung.

Die Ursache war ein einseitiger, nur reichlich Zellulose enthaltender Kompost; ihm fehlte tierisches Eiweiß, stickstoffhaltiges Tierfell oder Hühnerfedern, phosphorsäurereiche Tierknochen.

Viele Leser werden jetzt erkennen: Nicht nur pflanzliche Abfälle gehören zum Kompost, sondern auch tierisches Eiweiß. Dazu Kalk, ein paar Schaufeln Erde, in denen sich die Bodenorganismen schon im richtigen Verhältnis befinden und das Ganze mit den richtigen Mikro-

Abb. 25: Sie mögen vielen als unappetitlich gelten: Mistwürmer sind jedoch unersetzliche Helfer bei der Zerkleinerung von Laubkompost, der für das Nachfüllen des Hochbeets von Bedeutung ist

ben infizieren. Und wenn sie es so halten, garantiere ich Ihnen den Erfolg, den sie sich für ihre Gartenkulturen wünschen.

Woher nehmen sie nun tierisches Protein, wenn sie keine Ziege halten wollen? Gehen Sie in Ihr nächstes Gartencenter und kaufen Sie entweder Hornspäne (stickstoffreich) oder Knochenmehl, Blutmehl (phosphorsäurehaltig), dazu einen Sack Branntkalk und Sie haben das, was ihrem Kompost guttut. Natürlich sollten sie diese Dünger nicht kiloweise als »Nährstoffbombe« hineingeben, sondern sie nur überpudern, also in homöopathischen Dosen einstreuen.

Jetzt höre ich einige Zweifler sagen: wozu denn diese Plackerei, wenn ich mir hygienisch sauber und mit garantierter Düngewirkung einen Sack von diesem oder jenem Mineraldünger kaufen kann? Natürlich, Sie können auch diesen Weg gehen. Aber was Sie dort kaufen, ist immer ein mikrobenfreies Düngekonzentrat und somit problematisch in der Anwendung.

Kompost dagegen bringt Ihr Bodenleben wieder in Ordnung. Regenwürmer kehren von überall her in Ihren Garten zurück und vollbringen dort ihr segensreiches Tun. Eine Kompostauflage liefert Ihnen nach der Zersetzung ein kostenloses Nährstoffangebot: allseitig, milde wirkend, mit Pufferwirkung gegen die Unbilden der Witterung. Ihr Boden erhält nur durch Kompost oder organische Dünger die vorteilhafte Krümelstruktur – niemals durch Mineraldünger, wenn wir den Kalk einmal ausnehmen. Krümelboden ist immer »gar«, das heißt Fruchtbarkeit erzeugend, Leben enthaltend, gesund. Zudem hält ein solcher Boden auch die Feuchte zurück und liefert durch Gärungs- und Verrottungsprozesse Wärme. Geben Sie Ihrem Garten das zurück, was Sie ihm beim Ernten entnommen haben: Kompost. Was habe ich kürzlich in einem Gartenkatalog gelesen: »Humus muß Ihnen so wichtig werden, daß Sie mit dem Gedanken an ihn einschlafen!«

66

Abb. 26: Der Komposthaufen wird mit Recht als »Sparbüchse« des Gärtners bezeichnet. Hier entsteht einer aus Wochenmarktabfällen und muß nur noch mit einer 10 cm dicken Erdschicht umgeben werden

Der gemauerte Kompostbehälter

Jeder Gartenbesitzer macht sich Gedanken, wo er seinen Kompost heranreifen läßt. Die gebräuchlichste Form ist der Komposthaufen. Möglichst schattig plaziert, tut er seit Jahrtausenden seinen Dienst. Schon die Germanen hatten z. B. in Jütland ihren Kjökkenmöddinger (dänischer Begriff für Kompost), auf den sie so ziemlich alles warfen, was für sie nichts mehr wert war. Für unsere Steinzeitforscher wurden sie eine wahre archäologische Fundgrube zur Dokumentierung damaliger Kulturstufen. Ob diese vorzeitlichen Komposthügel als Humusquelle dienten, wissen wir leider nicht. Früher sah der Haufen noch wenig wissenschaftlich aus: er zog die Ratten an, er stank. Besonders tierische Abfälle waren fliegenumschwärmt und Eiablage für Ungeziefer. Und weil dieses Übel bei einem offenen Komposthaufen auch heute noch möglich ist, überlege man sich, ob es nicht andere Methoden gibt, Kompost hygienischer und vom Anblick her ästhetischer aufbewahren zu können. Nun gibt es natürlich keinen sterilen, aseptischen und völlig geruchlosen Abfallhaufen, aber ein gepflegter Komposthaufen ist doch auch schon ein gehöriger Fortschritt. Eine Möglichkeit bieten die Kompostliegen, die teils offen, durch ineinander schachtelbare Bretter aufzusetzen oder als Tonne halbbedeckt das Kompostgut aufnehmen können. So z. B. die durch Patent gesicherte Kompostbereitungstonne »Mücke«. Sie erfüllt in vorbildlicher Weise die Forderung nach Lüftung, Luftzutritt, Beschattung und Geruchsverminderung, ebenso wie die Rotte-Beschleunigung durch Geschlossenheit des Baukörpers. Zudem wächst dieser Behälter mit: durch Anheben vergrößert sich der Füllraum. Nichts ist aber so vollkommen, daß es sich nicht noch verbessern ließe. Ich will Ihnen einen Kompostbehälter vorstellen, der sogar 7 Vorzüge aufweist.

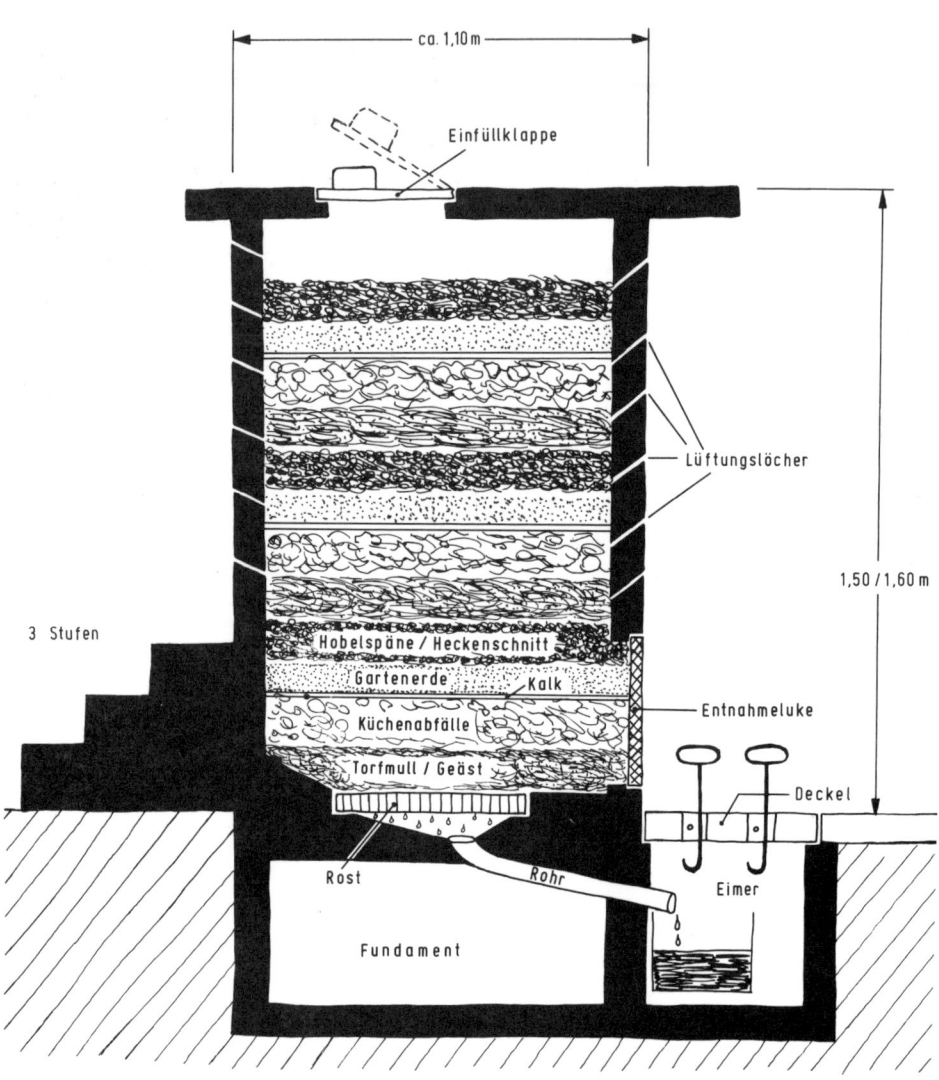

Zeichnung 18: Schnitt durch den gemauerten Kompostbehälter. Unter Bodenniveau befindet sich eine aus Beton geformte Bodenwanne, an derem tiefsten Punkt ein Abflußröhrchen eingelassen ist. Nachdem die ersten Kompostschichten eingefüllt sind, beginnt infolge Wärmeentwicklung die Verrottung. Als Nebenprodukt bildet sich Schwitzwasser, eine nährstoffreiche Brühe, die durch das Röhrchen in den Auffangeimer Tag und Nacht hineinträufelt. Im Sommer ist jeden 3. Tag dieser Eimer randvoll

In der Anschaffung ist er jedoch ein wenig umständlicher als die konfektionierten und käuflichen Fabrikate, man muß ihn nämlich selbst bauen.

Was soll ein Kompostbehälter leisten?

- 1 Kubikmeter Fassungsvermögen müßte er schon besitzen. Ein festes Bauwerk auf nur 1,5 m² Grundfläche reicht für ein ca. 1000 m² großes Grundstück aus.
- Ungeziefer darf keinen Zutritt haben. Wühlmäuse, Ratten und Maulwürfe müssen ausgesperrt bleiben.
- Infolge Wärmeentwicklung und Lichtmangel sollen Unkrautsamen bei 70° bis 80° schon als Keimlinge abgetötet werden.
- Die Rotte-Flüssigkeit, der nährstoffreiche Sofortdünger, soll aufgefangen werden.
- Keine umweltbelastende Düfte dürfen nach außen dringen.
- Die für die Verrottung notwendige Feuchte darf nicht verdunsten.
- Schneller Umsatz des Füllgutes durch Wärme und kompostzersetzende Mikroben. Innerhalb eines Jahres müßte streufähiger Kompost zur Verfügung stehen.

Nach 18jähriger Erfahrung kann ich überzeugt feststellen: Alle diese 7 Bedingungen sind in dem abgebildeten Kompostbehälter erfüllt, die Mühe des Bauens hat sich mehr als gelohnt.

Es fing mit einer Anzeige in einer Gartenzeitschrift an: Ein Tübinger Gartenbauingenieur berichtete über seinen Kompostbehälter, sogar mit einem Bild, auf dem eine schwäbische Hausfrau brav ihren Küchenabfall durch die Einfüll-Luke schüttete. Der Behälter sah wie ein Betonwürfel aus: quadratischer Grundriß, aus Platten zusammengefügt, obendrauf die Einfüll-, unten — bündig mit dem Boden — die Entnahmeluke. »Das wäre die Lösung«, dachte ich und machte mich ans Werk.

Nach einem Jahr erlebte ich eine große Enttäuschung: Als ich die Entnahmeklappe öffnete, strömte mir ein bestialischer Gestank entgegen. Statt des erhofften krümeligen, gut duftenden Komposts holte ich eine stinkende, kleisterähnliche Masse heraus. Was war passiert? Infolge Sauerstoffmangels hatten sich die Anaerobier, die sauerstoffunabhängigen Mikroben, breitgemacht. Die Gärtner nennen sie auch die »Salpeterfresser«. Diese Bakterien erzeu-

Abb. 27: Auf einer Fläche von 1 m² errichteter Kompostbehälter. Seine Vorzüge: Keine Geruchsbelästigung, kein Ungeziefer und nach einem Jahr schon in Nährhumus übergegangener Kompost

gen nicht das pflanzenfreundliche Nitrat (NO_3), sondern das flüchtige, in die Atmosphäre entweichende Ammoniak (NH_3). Vertreter der ersten Gruppe sind Bakterien der Gruppe Azotobakter, die imstande sind, den Stickstoff der Luft in pflanzenaufnahmefähiges Nitrat umzuwandeln. Zu riechen war als dominierender »Duft« der nach faulen Eiern stinkende Schwefelwasserstoff.

Also veränderte ich die beiden Luken: statt des bisher geschlossenen Deckels und der luftabschließenden unteren Luke, verwendete ich luftdurchlässige Deckel. Der Erfolg: die Luft konnte jetzt wie in einem Kamin von unten nach oben durchblasen. Die so erwärmte Luft im oberen Bereich zog kühlere von unten nach. Das war die Erfahrung im zweiten Jahr. Aber immer noch konnten sich in den Ecken

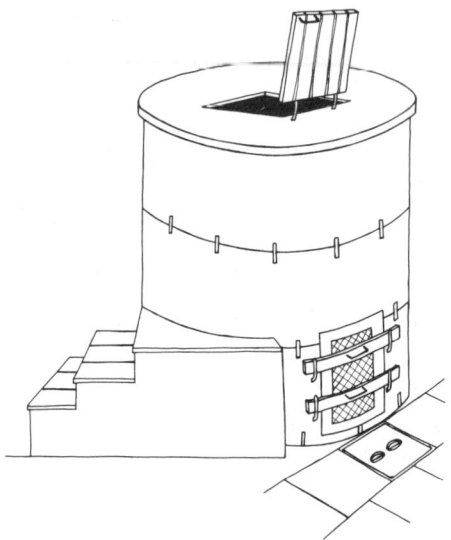

Aber jetzt zum Bau selbst. Grundriß des Quaders: 1,15 × 1,15 m (kann variiert werden) — je nach Bedarf und Größe des Grundstücks. Das hier beschriebene Modell reicht für ein 1000 m² großes Grundstück aus. Kalksandsteine wurden zu einer halbsteinigen Wand gemauert, anschließend außen verputzt. Vielleicht hätte eine viertelsteinige Wand auch gereicht. Einfüll- und Entnahmeluke ca. 60 × 60 cm, aus Rahmen mit Gitterdraht.

Es sind natürlich auch andere Baumodelle denkbar, z. B. eignen sich vorzüglich 4 Brunnen-Ringe (1 m Durchmesser), wenn man bei den Stößen kleine Rohrstückchen oder Schlitze freihält als Lüftungslöcher. Die Bodenwanne mit einbetoniertem Abflußrohr muß man freilich selbst modellieren und ausputzen, weil bisher noch kein Unternehmen solche Kompostbehälter als Konfektionsware anbietet.

Zeichnung 19: Drei kräftige Männer sind schon nötig, um solche Brunnenringe an die richtige Stelle zu wuchten. Ein Dreibaum mit Flaschenzug erleichtert die Arbeit wesentlich. Wenn man das »Kellergeschoß« (siehe *Zeichnung 18*) am Tag zuvor schon vorbereitet hat, ist das Aufsetzen der Ringe und die Schüttung der Decke in einer Tagesleistung zu erledigen

schlechtbelüftete Inseln bilden, in denen dieser Kamin-Effekt nicht funktionierte. So entstanden Winkel, in denen der Sauerstoffmangel zu »Stink-Ecken« führte und wertvolle Substanzen zu Rohhumus verwandelt wurden. Dieser ist aber so sauer, daß die Regenwürmer fliehen und das Bodenleben stagniert.

Nochmalige Änderung: Ein im Haus tätiger Handwerker hatte einen Bohrhammer im Gepäck. Ich lieh ihn mir aus und bohrte in die Wände in regelmäßigen Abständen schräg nach unten führende Löcher, die auch die toten Zonen erreichten. Seitdem funktioniert der Kompostbehälter bestens: Keine Faulgase mehr, schneller Umsatz infolge Wärmeentwicklung bei der Verrottung, geringe Verdunstung — und Maulwürfe, Wühlmäuse und Ratten müssen draußen bleiben. Das Sickerwasser wird in einem bereitgestellten Eimer aufgegangen, wie es die Zeichnung 18 verdeutlicht.

Zeichnung 20: Wenn sie an den Außenkanten mehrfach zusammengeschraubt werden, könnten auch Wellplatten für den Bau eines Kompostbehälters verwendet werden. Sie könnten jahrzehntelang ihren Dienst tun. Vorteil: Der Behälter ist relativ schnell und billig herzustellen. Die Entnahmeluke unten könnte auch mit dem Boden bündig abschließen

Boden-Organismen können dann besser angreifen, wenn ihnen das neuzukommende Substrat, dünn gestreut, »vorgelegt« wird. Ist es geklumpt, haben sie viel mehr Mühe, solche »schwer verdaulichen« Brocken zu verrotten. Oft verweigern sie auch ihre Dienste bei dieser »Zumutung« und sparen diese konzentrierten Klumpen vom Rottevorgang aus. Das werden dann jene Inseln hellbraun gefärbter, podsolartiger Stinkezonen — alles andere als der gewünschte, gutduftende, schwarze und humusreiche Kompost. Bei der Füllung unseres Kompostbehälters achte man auch auf eine regelmäßige Abwechslung bei den Schichten. Man lasse sie nie mächtiger als ca. 5 cm werden; dann muß eine Prise (2–3 cm dick) alter Komposterde, normaler Gartenerde oder Lehm abwechselnd mit einer Luftpolsterschicht aufgebracht werden.

Die schafft man sich leicht, indem man im Garten anfallende Zweige zerkleinert, mit einem Hächsler zum Beispiel (siehe S. 68). Eine wenige Zentimeter starke Schicht Zweighäcksel erfüllt die Sauerstoffversorgung der Dungorganismen. Ist gerade kein Heckenschnitt zur Hand, tun es auch Hobelspäne. Danach überpudre man die Oberfläche mit Branntkalk,

Zeichnung 21: Eine 60 × 60 cm große Luke läßt das Herausholen des fertigen Komposts zu einer erträglichen Feierabend-Beschäftigung werden. Ab und zu muß man aber von oben mit der Grabforke auflockern, denn besonders der untere Teil kann im Laufe eines Jahres zu einer recht festen Masse werden

Die Kompostbereitung im Behälter

Der Kompostbehälter ist so konzipiert, daß er den täglich anfallenden organischen Haus- und Gartenabfall aufnimmt — ein kontinuierlich wachsender Haufen also.

Man beginnt die Füllung am besten mit einer saugfähigen Schicht. Etwa Sägespäne oder Torf, auch Hobelschnitzel sind geeignet. Sie sollen die nährstoffreiche Sickerflüssigkeit im Anfangsstadium binden, um einen Kuchen entstehen zu lassen, in dem die kompostbildenden Organismen eine Art Mutterboden für ihre Vermehrung finden.

Man mache es beim weiteren Füllen mit aller Art von organischem Material so, daß niemals auf einen Haufen gekippt wird, sondern alles Anfallende breit *in Schichten verteilt* wird. Die

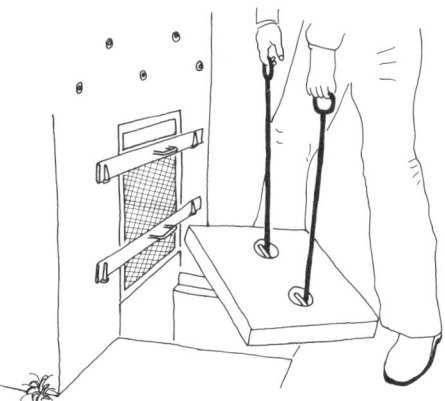

Zeichnung 22: Eine Betonplatte mit zwei Löchern und eingelegten Stegen ist der praktische Deckel über dem Auffangeimer. Zwei Haken packen unter die Stege und die Platte läßt sich leicht heben

71

denn die hohen Gerbsäureanteile, die durch Laub oder Rinden in den Haufen kommen, müssen neutralisiert werden. Wer viele Holzanteile im Kompost hat (Sägespäne, Stroh), sorge auch durch Überstreuen mit Stickstoffdünger (Hornspäne, organische Volldünger) für guten Ausgleich zu den Verlusten, denn die Holzzersetzer sind Stickstoffzehrer.

Wenn der Kompost aber allein aus dem bestünde, was die kompostbewußte Hausfrau in ihrem kleinen Eimer an Eier-, Kartoffelschalen, Kaffeesatz und ausgequetschten Zitronenhälften ausschütten würde, wäre es mit ihm schlecht bestellt. Er wäre einseitig zusammengesetzt, klebte zu einem Kuchen zusammen und würde nicht zu dem werden, was wir uns unter streufähigem Kompost vorstellen. Nötig ist ein Vielerlei, nicht das Einerlei.

Im Frühjahr ist der Haufen im Behälter auch für ein paar Regenwürmer dankbar, die man beim Graben oder Durchziehen aufsammelt. Angefeuchtetes Zeitungspapier – bitte keine ganzen Stapel – wird von diesen Regenwürmern gern genommen, ebenso unbedruckte Kartons, oder Wellpappen, deren Leim noch tierisches Protein in den Komposthaufen bringen. Der Kehricht von den Staubsaugertüten hat ebenso seinen Platz auf dem Kompost wie ein paar Eimer Stallmist. Vielfältigkeit der Mischung macht guten Kompost. Gejätetes Unkraut kann zusammen mit dem Wurzelballen kompostiert werden, dadurch kommt wieder die oben erwähnte Erde zum Ganzen und »impft« immer aufs neue den Haufen.

Jetzt kommt sicher der Einwand, man leiste damit der Samenverbreitung Vorschub, denn es ist ja bekannt, daß auch ausgerissenes Unkraut seine halbfertigen Samen weiter ausreifen läßt, obwohl die Wurzeln weder Wasser noch Nährstoffe aufnehmen können. Die Pflanze baut in solchen Notfällen eigene Substanz ab und leitet sie der Samenanlage zu, dem Gesetz von der Erhaltung der eigenen Art gehorchend.

Was aber geschieht in einem geschlossenen Kompostbehälter mit diesen Samen? Erstens empfangen sie von ihrer Umgebung Wärme, die Voraussetzung zum Keimen. Zweitens ist Feuchtigkeit ausreichend vorhanden, drittens ist es im Behälter auch dunkel. Also beginnen sie zu keimen. Ein Wachstumsgesetz zwingt den

Keim, sich zum Licht hin zu recken (Phototropismus). Licht ist aber für diesen Winzling unendlich weit entfernt. Sein Hals wird länger und länger – durch alle auflagernden Massen versucht er durchzustoßen, aber dieser Geiltrieb wird nie zum erstrebten Ziel kommen: er geht wie 99% seiner Mitkonkurrenten auch an Lichtmangel zugrunde. Aber ein Prozent wird vielleicht überleben. Sollten nun wirklich die paar Sämchen mit dem Kompost auf das Land kommen – wäre das so schlimm? Es gibt nun keine totale Unkrautfreiheit, denn in unseren gemäßigten Breiten sind nackte Bodenstellen widernatürlich.

Wäre es nicht der Mensch, wie in diesem Beispiel, dann übernehmen die Vögel oder der Wind die Samenverbreitung. Sich selbst überlassen, wird eine nackte Bodenstelle schon binnen eines Jahres mit solchen Wildkräutern besiedelt sein, denen die Bedingungen genehm sind: Schattenlage, pH-Wert, Nährstoffangebot, Verdichtungsgrad, Konkurrenz gegenüber anderen Arten, Bodenfeuchte, Bodenstruktur, Bodenart. Schließlich haben wir Gärtner doch eine Hacke im Schuppen und können die erwünschte Boden-Nacktheit wieder herstellen. Übrigens gibt es Gemüsekulturen, bei denen man – wenigstens für kurze Zeit – auch mal eine Unkrautdecke tolerieren kann: Möhren und Vogelmiere vertragen sich ausgezeichnet miteinander. Das Unkraut hat hierbei die Funktion einer lebendigen Mulchung und setzt die Verdunstung stark herab. Es läßt das Bodenleben florieren, der Boden selbst bleibt gesund und der Gärtner spart das Hacken und Mulchen.

Verstehen Sie mich jetzt nicht falsch: Ich rede hier nicht der Verunkrautung das Wort. Quecke, Disteln, Giersch, Brennessel und das Heer der anderen Unkräuter dulde auch ich nicht in meinem Gemüsegarten. Aber gegen Unkraut als Begleiter unserer Kultur ist oft mit so radikalen Mitteln gekämpft worden, daß schon etliche Arten (z. B. Kornblume, Klatschmohn) nahezu ausgestorben sind. Unkraut hatte jahrtausende die Funktion der Regenerierung des Bodens. Es war die Brache, die im Zyklus des Dreifeldersystems ein Jahr lang »ausruhen« durfte. Angereichert mit den Ausscheidungen der darauf weidenden Haustiere sammelte der

Boden neue Kraft und wurde nach dieser Erholung wieder zum tragenden Acker.

Noch etwas zur »Ehrenrettung« der geschmähten Wildkräuter, wie das Unkraut eigentlich heißen müßte: Selbst Gartenkataloge bieten als Regenerationskur bestimmte Unkräuter für eine »grüne Phase« des sonst mit Gemüse bestellten Beetes an. Da sollte man nicht so pingelig sein, für ein paar Wochen (– mehr nicht! –) den teppichbildenden Vogelmiere-Pflanzen Gastrecht zu gewähren. Tatsächlich ist eine für die Kulturpflanze förderliche Mischkultur zwischen Möhre und Vogelmiere festgestellt worden. Freilich nur so lange, wie die Miere sich nicht hemmungslos aussamen kann. Und es kommt auch nur die letzte Reifungsphase der Möhre in Betracht, also der Spätsommer. Beide Arten tun sich im Hinblick auf Nahrungskonkurrenz nicht weh: Während die Möhre vorwiegend ein Kali- und Phosphorsalz-Verbraucher ist, bindet die Vogelmiere in der Hauptsache den Stickstoff an sich. Zudem ist der eine ein Tiefwurzler, die andere geht mehr in die Breite, so kommen sie sich auch im Boden nicht ins Gehege.

Ein Blick auf das sogenannte »wilde« Naturgeschehen könnte uns von manchen Vorurteilen befreien. In der Krautschicht des Waldes oder der Lichtung wächst auch kein Pflänzchen für sich allein, sondern immer in Gesellschaft mit anderen Arten. Angepaßt an die Bedingungen des gemeinsamen Biotops haben sie sich in Millionen von Jahren zu gegenseitigem Wohl und Gedeihen zu festen Pflanzengesellschaften zusammengeschlossen. Die an sich unnatürliche Monokultur mit ihrer Gefährdung für Krankheiten und Schädlingsbefall ist die notwendige Wirtschaftsweise der heutigen Landwirte und Erwerbsgärtner. Sie braucht vom Kleingärtner nicht kopiert zu werden, denn er steht nicht unter dem Zwang der Rentabilität. Die in Hobbygärten schon seit Jahren praktizierten Mischkulturen sind ein Schritt in die richtige Richtung. Warum nicht mal einen Versuch mit den sonst zu meidenden sogenannten Unkräutern machen? Übrigens: Die Vogelmiereblättchen lassen sich als Beigabe zu einem urigen Wildsalat, etwa in Mischung mit Löwenzahn, Brennessel (nur junge Blätter!), Kresse, zarten Gänseblümchen komponieren!

Doch nun zurück zum Kompostbehälter: Ende Oktober/Anfang November ist der Behälter randvoll und wird geleert. Nahe der Entnahmeluke sind noch ein paar Schaufeln Rohkompost nicht angerottet und struppig. Hier sorgte die vorbeistreichende Luft und das hereinscheinende Licht für zu große Austrocknung, und deshalb konnten die Rotte-Organismen nicht angreifen. Das holen sie jedoch nach, sobald die struppigen Teile ins dunkle und feuchte Innere eines aufgesetzten Haufens zu liegen kommen. Dann werden die Asseln, Mistwürmer *(Eisenia foetida)*, Springschwänze batallionsweise über diese Leckerbissen herfallen und sie zerkleinern. Pilze und Bakterien übernehmen dann diesen Mulm und erledigen in unermüdlicher Aktivität die weitere Zerlegung bis hinein in den Mikrometerbereich. Luftliebende Bakterien bringen es sogar fertig, den Luftstickstoff in pflanzenverfügbares Nitrat umzuwandeln; ihre Nahrung ist der Kompost. Sie sind die nützlichsten von allen, ihren Namen habe ich schon öfter erwähnt: Azotobakter.

Auseinandergehende Meinungen über Kompost

Da gibt es Meinungen, die fast schon an Aberglauben grenzen: »Laub macht taub« – also werden die herbstfallenden Blätter in einen Plastiksack getan und der Müllabfuhr übergeben. Das Gegenteil ist richtig: jedes Blatt ist eingefangene Sonnenenergie. Durch seine Verwesung wird diese Energie als Verrottungswärme und wiederverwendbare Minerale wieder frei – Laub ergibt, schon wegen der großen anfallenden Massen, einen wertvollen Humus.

Oder: »Zeitungspapier enthält giftige Druckerschwärze« – und ist deshalb nicht kompostierfähig – ein kompletter Unsinn, denn Druckerschwärze wird nach wie vor aus Flammenruß plus Öl plus Leimen bzw. Cumaron-Harzen – alles organische Substanzen – hergestellt. Und daß Holzschliffpapier, wie es für Zeitungen, Telefonbücher usw. verwendet wird, etwa nicht verrottbar sein soll, glauben nur Ignoranten.

Man konnte in einer renommierten Gartenzeitschrift lesen, daß Tulpen- und Narzissenlaub Giftstoffe enthalten, die besser nicht auf den Komposthaufen, sondern in die Mülltonne gegeben werden sollten. Dazu ist folgendes zu bemerken: jede Pflanze erzeugt Giftstoffe, die sich im Kampf ums Dasein als wirksame Waffe erwiesen haben: z. B. Duftstoffe, von denen einige als Aroma bezeichnet werden, wenn sie unserer Nase und Gaumen genehm sind – oder Stinkstoffe, wie sie über die Wurzeln verbreitet werden, aber auch abstoßende Geschmacksstoffe, die Tiere davon abhalten sollen, Blätter oder Früchte zu fressen. Analog dazu sind auch Stacheln und Dornen vieler Pflanzen zu verstehen. Alle diese »Tricks« dienen der Erhaltung der Art.

Und als solche sind auch die sogenannten Gifte zu begreifen, die die Tulpen – wie jede andere Art auch – entwickelt haben, um Keimlinge der eigenen Art ebenso wie artfremde Gewächse davon abzuhalten, in ihrer unmittelbaren Nähe Wurzeln zu fassen. Dadurch würden ja die verfügbaren Nährstoffe des Bodens durch Konkurrenz knapper werden. Auch würde die Tulpe durch nahestehende andere Pflanzen Lichtmangel erleiden. Also wehrt sie sich, indem sie durch das verwelkte Blatt solche Stoffe hinterläßt, die der Konkurrenz das Keimen oder Aufkommen verleiden sollen.

Auch Kastanien- und Walnußblätter sind der Gifthaltigkeit bezichtigt worden. Man solle sie nicht auf den Komposthaufen werfen, sie würden dort alles übrige vergiften. Das angebliche Gift der Walnußblätter – Juglandin genannt – ist aber nichts weiter als ein Alkaloid (Wirkstoff), wie es Tausende andere Pflanzen ähnlich entwickelt haben. Diese sogenannten Gifte haben alle den einen Zweck, die Pflanze vor dem Gefressenwerden zu schützen. Der Walnußbaum *(Juglans regia)* strömt während seiner »grünen« Zeit aus den Blättern einen aromatischen Duftstoff aus, der die Mücken vertreiben und einige sogar töten kann – wenn sie ihm zu nahe kommen. Noch im verwelkten Herbstlaub wirkt dieser Stoff wie ein Antibiotikum, d. h. tierische Bodenorganismen werden durch das Ausströmen des für sie giftigen Duftes abgehalten, sich an die Zersetzungsaufgabe heranzumachen. Aber länger als ein halbes Jahr lassen sich die Mikroben nicht davon abhalten, auch diesen Brocken zu knacken. Mit der mechanischen geht auch die chemische Zersetzung einher. Was im chemischen Labor der Pflanze mühselig als Schutzpanzer zusammengebraut worden ist, wird im Prozeß der Verrottung restlos abgebaut. Auf einem Komposthaufen, bei Wärme und Feuchtigkeit, wird alles radikal wieder auf die Ausgangsstoffe zurückgeführt. »Was der liebe Gott hat wachsen lassen«, wird in seine mineralischen Bestandteile zerlegt und den nächsten Generationen wieder als Aufbaustoff. Wie könnte es auch anders sein? Wir würden allesamt vor lauter Pflanzen- und Tierleichen vergangener Jahrmillionen den Erdboden nicht mehr sehen können, gäbe es die segensreiche Zersetzung nicht. Ein Beispiel: Die angeblich nicht verrottbaren Walnußblätter würden nach dem herbstlichen Laubfall liegenbleiben und wegen ihrer Giftigkeit nicht von den Bodenlebewesen »abgeräumt«. Nehmen wir nur 1 mm Blattdicke im Bereich der Kronentraufe pro Jahr und Blattfall an, macht das in 10 Jahren eine Lage von einem Zentimeter Dicke, in 100 Jahren 10 cm liegengebliebenes Walnußlaub aus. Ganz Südeuropa wäre längst darunter begraben.

Es gibt übrigens eine ganze Reihe giftiger Substanzen, die im Pflanzengewebe eingelagert sind, zum Beispiel das Coffein beim Kaffeestrauch, das Nikotin der Tabakpflanze oder das Muscarin des prachtvollen Fliegenpilzes. Diese drei stehen für Tausende anderer Alkaloide, die allesamt nur eine Abwehrfunktion gegen das Gefressenwerden sind.

Man verkennt aber die Kraft der Bodenorganismen völlig, wenn man sie nicht für fähig hielte, solche Stoffe abzubauen und chemisch umzuwandeln. In einem normal verlaufenden Rotteprozeß werden alle Gift- und Duftstoffe derart verändert und remineralisiert, daß daraus wieder pflanzenverfügbare Mineralien und Humus werden.

Das hat auch Gültigkeit für die meisten chemisch hergestellten Pflanzenschutzmittel und Dünger-Konzentrate, über die ich in den ersten Kapiteln sprach. Wenn wir Mineraldünger über den Komposthaufen streuen, kommt es dabei zwar zur Vernichtung der Organismen im näheren Umfeld der Streuschicht. Die Bodenfeuchte des Haufens löst den Dünger aber binnen einiger Wochen auf und etwa nach 4-6 Wochen haben die Würmer und Mikroben, die aus intakt gebliebenen Inseln des Komposthaufens stammen, das Terrain zurückerobert und setzen dann ihre Arbeit fort.

Ich selbst komme manchmal auch nicht darum herum, meinen laubreichen Kompost zu kalken. Ich nehme dazu CaO, sogenannten Branntkalk, ein Konzentrat mit ähnlicher Wirkung wie der eben erwähnte chemische Dünger. Auch braucht mein Boden nach 2-3 Jahren mal wieder einen Kali-Stoß (Thomas-Kali), weil meine Kartoffeln, Sellerie, Schwarzwurzeln u. a. ausgesprochene Kalifresser sind und mein Allerwelts-Kompost — außer der Holzasche aus dem Kamin — zu wenig von diesem Hauptdüngemittel enthält. Ich habe dann jedesmal ein schlechtes Gewissen und nehme mir vor, im nächsten Jahr statt dessen ganz bestimmt wieder eine Fuhre Stallmist zu bestellen.

Aber es steht fest: Über den Komposthaufen gesundet manches Schädliche — auch wenn man zunächst einen Rückschlag im Hinblick auf die Vitalität des Bodenlebens hinnehmen muß. So halte ich es auch für unbedenklich, Zitronen- und Apfelsinenschalen auf den Kompost zu bringen, obwohl sie mit fäulnishemmenden Giften gespritzt sind. Nach Auskunft des Pflanzenschutzamtes Hamburg werden diese binnen weniger Wochen in der Bodenfeuchte ausgewaschen. Gleichzeitig greifen Mikroben den »Schutzfilm« an und zersetzen ihn restlos. Unsere Bodenbakterien werden also auch damit fertig.

Eine Aufzählung aller kompostierfähigen Stoffe erübrigt sich somit, denn grundsätzlich sind alle tierischen und pflanzlichen Substanzen über den Komposthaufen wieder rückführbar in Grundstoffe, die die Pflanzen mit ihren Wurzeln aufnehmen können. Knochen gehören ebenfalls dazu, selbst wenn es Jahre dauern sollte, bis ihre Substanzen wieder zu Humus geworden sind.

Man begegnet auch der Meinung, bei tagelangem starken Regen sollte der Komposthaufen abgedeckt werden. Auch hier geistert ein Vorurteil durch viele Gartenbücher, das immer wieder ungeprüft übernommen wird. Jeder weiß doch, daß ein Komposthaufen seiner Beschaffenheit nach locker und luftig aufgesetzt ist. Regenwasser sickert in relativ kurzer Zeit hindurch, ohne daß es je zu einem schädlichen Nässestau kommt, der wohl der Grund der Besorgnis ist. Im Gegenteil, eine häufig vorgenommene Befeuchtung ist ein Segen für den Kompost, verhindert diese Maßnahme doch das hitzige Verbrennen mit Veraschung, wie man sie oft bei Pferdemisthaufen beobachten kann.

Geteilt ist auch die Meinung über das Mulchen bei Tomaten und Gurken. Da diese aus subtropischen Gebieten stammenden Pflanzen es gern warm haben, wird argumentiert, die Mulchdecke würde aber die Sonne abhalten. Eine Mulchung übt aber gerade in kälteren Stunden, insbesondere bei Nacht, eine ausgleichende Wirkung aus. Die mit Grasschnitt, Laub und anderen organischen Abfallstoffen abgedeckte Erde hat dann gleichsam eine wärmende Decke erhalten. Ich würde deshalb nicht auf diese segensreiche Bedeckung verzichten.

Es heißt weiter, daß man einen Komposthaufen niemals auf einer festen Unterlage (Stein, Betonplatte) aufsetzen sollte, da Regenwürmer Erdanschluß brauchen. Richtig ist natürlich die Feststellung, daß Regenwürmer in den Komposthaufen hineingehören. Aber warum müssen sie denn nur von unten dorthin einwandern? Man kann sie doch auch mit der Schaufel aus dem umliegenden Gartenland hineingeben. Einmal hineingeworfen, arbeiten sie sehr verläßlich und lassen sich durch nichts von der Grabtätigkeit, dem Zerkleinern und von der eigenen Vermehrung abhalten. Im kalten Winter ziehen sie sich dann ins warme Zentrum des Haufens zurück.

Ich habe mit meinem betonierten Kompostbehälter die besten Erfahrungen gemacht. Er bietet außerdem den Vorteil, daß die nährstoffreiche Brühe nicht in den Boden versickert, wo sie höchstens wenig nützlichen Sträuchern zugute kommt.

Wie man auch aus Eichenlaub Kompost machen kann: Das Tiefbeet

Der Ausdruck Tiefbeet soll als Gegensatz zum Begriff Hochbeet verstanden werden. Eigentlich verbirgt sich dahinter das alte Warmbeet, das in den Gärtnereien schon seit Jahrhunderten bekannt ist. Eine Abwandlung ist das Mistbeet, dessen wärmeproduzierende Füllung aus Stallmist besteht und mit einem Kasten umgeben ist. Mit Fensterscheiben überdeckt, dient es als Frühbeet zur Anzucht von Gemüse oder Zierpflanzen.

Was ist denn nun das Besondere an einem Tiefbeet? Der Gedanke ist aus der Verlegenheit geboren worden, das jährlich anfallende Eichenlaub irgendwie gärtnerisch nutzbar zu machen. Ich sagte mir, daß selbst bisher für wertlos gehaltene Blätter noch einen Nutzen bringen müßten. Ist doch jedes einzelne Blatt ein zu Materie gewordenes Erzeugnis aus eingefangener Sonnenenergie. Und weil kein Quentchen Energie auf dieser Erde verlorengehen kann, sondern gemäß dem Energie-Erhaltungsgesetz nur von einer Form in die andere umgewandelt wird, müßte selbst aus Eichenlaub noch etwas herauszuholen sein. Ob es vielleicht Wärmeenergie sein könnte? Ich wurde neugierig.

Pro Laubsaison sammelten sich bei mir so 30 bis 35 Säcke Eichenlaub zusammen. Wohin mit dieser Masse? Bei dieser Überlegung kam mir die Idee, vor der Mauer eines gehölzbepflanzten Erdwalls einen 50 cm tiefen Schacht (Südseite) anzulegen, in den ich das Laub deponieren konnte. »Du willst aus Eichenlaub Kompost machen? Laß die Finger davon! Das Zeug ist so sauer, daß die früher ihr Leder damit gegerbt haben!« Solche Meinungen hörte ich ringsum. Nun ist Eichenlaub tatsächlich extrem bitter und braucht — nach dem Buchenlaub — die längste Zeit zur Verrottung, nämlich fast drei Jahre auf dem Waldboden. Gab es denn wirklich keinen Weg, dieses organische Material nutzbringend zu verwerten?

Experimentierfreudig baute ich meinen Schacht weiter. Das ganze (s. Abb. 28 und 29)

wurde beidseitig von Betonplatten eingefaßt, weil diese Anlage dauerhaft sein sollte. So hat auch der Frost keinen Zutritt und das Bodenleben dadurch keine Winterpause, was zur Verkürzung der Zersetzungsphase führt. Nach unten hin blieb dieser Graben offen, damit Regenwürmer, Tausendfüßler, Asseln, Spinnen und anderes Getier einwandern konnte. So wurde die natürliche Verbindung mit dem Bodenleben hergestellt. Den Seitendruck hielten L-Steine (Betontraversen) ab; Gehwegplatten sorgten für bequemes und pflegeleichtes Versorgen.

In den ersten Jahren erhielt ich jedoch prompt nur die berüchtigten Stinknester von faulendem, hellbraunem Kompost statt des erhofften braun-schwarzen Humus. Die unerwünschten Anaerobier hatten zu wirken begonnen. Wo Frischluft bei der Verrottung fehlt, bilden sich Faulnester und lassen den Stickstoffgehalt des Substrats durch Entwicklung von Pestilenzdüften in die Atmosphäre entweichen. Wie war diesem Übel beizukommen?

So etwa nach 6 Jahren hatte ich endlich den Dreh heraus: Wenn im Herbst das alte Laub raus und das neue Laub rein kam, kippte ich den Sackinhalt nicht mehr wie bisher auf einen Haufen, sondern legte Schichten an, so wie es sich auch für einen richtigen Komposthaufen gehört: Je unterschiedlicher er zusammengesetzt wurde, desto reifer und garer wurde er.

In den letzten Jahren versuchte ich eine weitere Bereicherung: Ich wurde in dem Tiefbeet auch das gesamte, über das Jahr gesammelte Zeitungspapier los. Die Stapel wurden über Nacht im Gartenteich aufgeweicht, wo sie sich richtig mit Wasser vollsaugten. Dann verteilte ich sie in einzelnen Lagen (eine Zeitung ausgebreitet) zwischen Lehm/Erde-Schichten und Laubschichten. Das hat die Tiefbeetfüllung noch einmal mit einem anderen gehaltvollen Kompostmaterial bereichert und gezeigt, daß zur Gewinnung einer abgerundeten Kompostmasse nicht nur das einseitige Laub, sondern auch vielerlei anderes verrottungsfähiges Zeug in abwechselnden Schichten eingebracht werden muß. Als »Starter« habe ich zwischendurch immer mal eine Schaufel reifen Kompost und vor allem stickstoffhaltiges Hornmehl zugegeben. Ebenso habe ich nach einer Jätearbeit

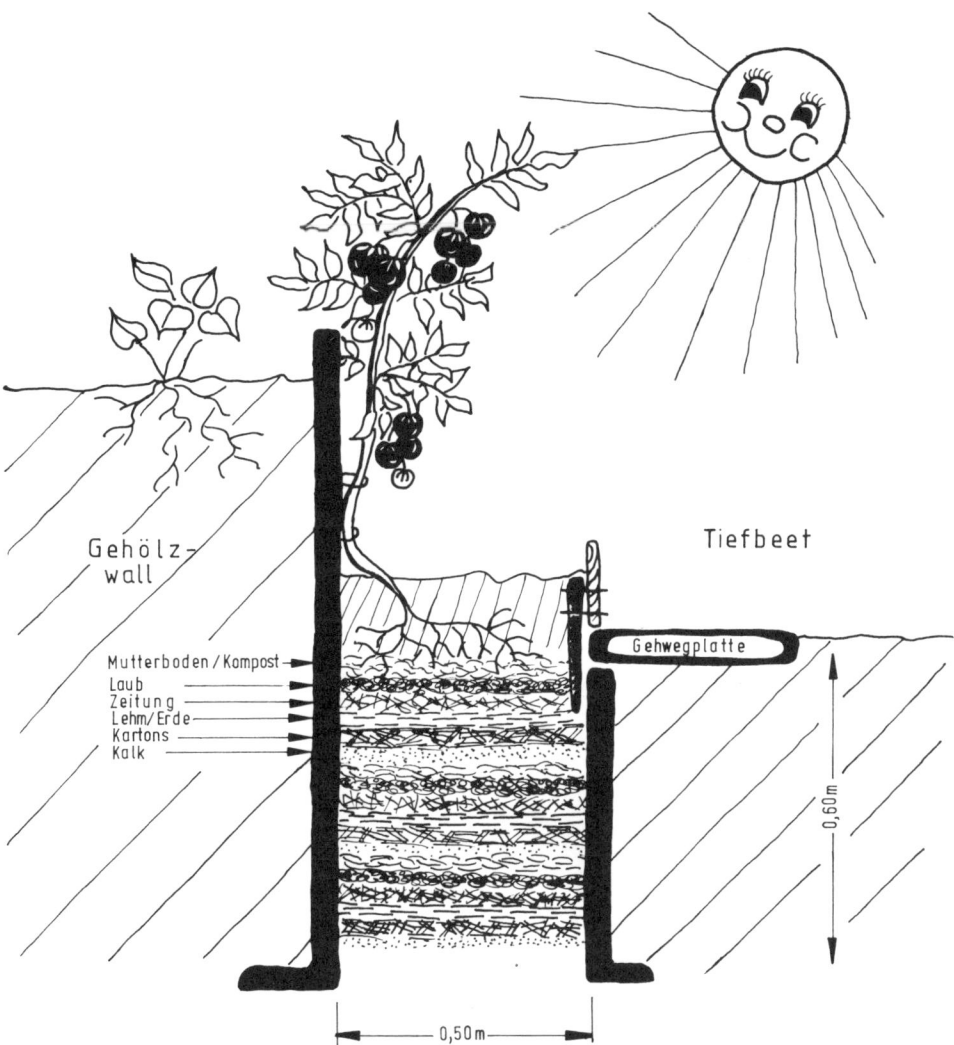

Gehölz-wall

Tiefbeet

Mutterboden / Kompost
Laub
Zeitung
Lehm / Erde
Kartons
Kalk

Gehwegplatte

0,60 m

0,50 m

Zeichnung 23: Ein Tiefbeet ähnelt im Aufbau einem Hochbeet. Nur ist die Lebensdauer auf 1 Jahr beschränkt. Dennoch gibt es auch hierbei Verrottungs- wärme von unten — durch einen Zuckerguß als Starter hervorgebracht

Abb. 28 ▲

Abb. 29 ▼

einen Eimer mit Unkraut ins Tiefbeet verteilt.

Das Ergebnis: Bereits nach einem Jahr Liegezeit war die ganze Füllung durch Fermentierung (Gärungsprozesse) so angerottet, daß kein Laubblatt mehr als solches einzeln zu erkennen war, alle waren schon in einen brüchigen, schwarz-braun farbigen und herrlich nach Pilzen duftenden Zustand übergegangen. Nur die in der Sohle gelagerten Laubmengen waren inselartig noch nicht so weit zersetzt wie die darüberliegenden.

Im Herbst wird das alte Beet geräumt, um der neuen Füllung Platz zu machen. Über Winter liegt dann der Inhalt der Tiefbeete gemischt mit dem ebenfalls herausgeholten Inhalt des Humusbehälters als Komposthaufen aufgesetzt in einer Gartenecke, die zum Boden hin offen sein muß, um Regenwürmer und anderen Organismen freien Zugang zu verschaffen.

Ich überziehe diesen Haufen dann noch mit einer schwarzen Folie, um Verdunstung zu unterbinden und dem fertigen Haufen die Wärme zu erhalten. So geht die Verrottung auch den Winter über weiter.

Im Frühjahr, also nach eineinhalbjähriger Rottezeit, ist es dann so weit: Ein streufähiger, schwarzer Humus-Kompost ist entstanden, der schon mehr erdigen als strohigen Gehalt hat und der Durchlüftung wegen gesiebt wird. Alle Partikelchen erfahren hierdurch eine »Sauerstoffdusche« und werden als aktivwirkender Nährhumus auf die Hochbeete verteilt.

Auch achte ich auf Feuchtigkeit, denn »trocken kann nichts verrotten«. Der Pumpenschlauch war immer (mit Schmutzwasser) zur Hand. Darüber eine Schicht Erde, und zwar nur so viel, daß das Laub überall gerade bedeckt war, um den Bodenorganismen ein besseres Wirken sowohl nach oben als auch nach unten zu ermöglichen. Aber immer noch war das Ergebnis zu einseitig: Der pH-Wert lag weiter unter 5, war also als zu sauer einzustufen, und der Nährstoffgehalt war auch noch nicht ausreichend.

Abb. 28, 29 (gegenüber): Das »Tiefbeet« nimmt im Spätherbst die Laubmassen auf, die schichtweise mit Kalk und Erde, Gartenkompost und Zeitungspapier in den nur 50 cm tiefen und 50 cm breiten Schacht eingefüllt werden. Nach einem Jahr ist daraus schon ein streufähiger Kompost geworden

Ich suchte nach weiterer Verbesserung. Gegen Säure im Boden hilft Kalk, das war in jedem Gartenbuch zu lesen. Also kam auch eine Kalkung dazu. Ich nahm CaO, den Branntkalk. Schichtenweise überpuderte ich das Eichenlaub mit diesem neutralisierenden Gegenmittel.

Aber auch nach dieser Verbesserung des Säuregehaltes wollte die erwartete Kompost-Rotte-Erwärmung noch nicht in Gang kommen.

In einer Landfunk-Sendung hörte ich über die Wärmewirkung von Zucker, der in Wasser aufgelöst und auf Stroh- oder Laubmassen übergossen, wärmeerzeugende Wirkung haben sollte. Auch das habe ich ausprobiert. Ergebnis: Zuckerlösung brachte es tatsächlich fertig, dieses sich bekanntermaßen schwer zersetzende, chemisch sauer reagierende Laub in wärmeerzeugende Masse zu verwandeln. Sie war sogar imstande, für eine Zeitlang und unter Mithilfe der aufstrahlenden Sonnenwärme eine Mistbeetwirkung zu schaffen. Ich brachte je 200 g Haushaltszucker — in einigen Litern Warmwasser aufgelöst — auf einen Quadratmeter und unterstützte diesen Auftrag durch Hineinstechen der Forke (Grabgabel) in die genannten Schichten, wobei die Lösung durch die Ritzen ins Innere gerät und das Bakterienleben anregt. Obenauf füllte ich die Grobteile, die beim Sieben des alten Komposts übrigblieben. Das Ganze wurde mit einem Gartenerde-Kompostgemisch überdeckt, um eine Pflanzschicht zu schaffen.

In Voraussicht der zu erwartenden Sedimentierung (des Setzens) wird die Packung natürlich höher als das Platten-Niveau aufgehäuft. Daher rahmte ich das Überstehende mit Brettern ein, die aber schon Anfang Juni wieder entfernt werden können.

Obenauf setzte ich meine dicken Bohnen und Tomatenpflanzen. Schon im Juli zeigten sich Erfolg verheißende Ergebnisse: Schnelles Heranwachsen und reicher Fruchtansatz. Bei den Bohnen lasse ich auch die Nebentriebe stehen. Auch sie tragen viele Hülsen und verhindern ein zu starkes Hochschießen der Mitteltriebe.

Was hatte der Zuckerguß bewirkt? Zucker ist ein hochwertiger Kohlen-Wasserstoff (Kohlehydrat, chemisch $C_{12}H_{22}O_{11}$), zudem ein relativ billiges Nahrungsmittel (hier Dünger) und liefert in Wasser verdünnt eine vorzügliche Nährlösung für alle Bodenorganismen. Sie ergänzt dadurch das an sich nährstoffarme Laub und bringt die Mikroben zu schneller Vermehrung. Die Wirkung: Erwärmung der Laubfüllung, die ohne Zuckerguß nur kalt verrotten würde. Zweite Wirkung: Schnellere Zersetzung des Laubes. Das ist besonders bei Eichenlaub eine sehr erwünschte Reaktion.

Die Frage für den Hobbygärtner: Mineraldünger oder Kompost?

Der Leser wird längst gemerkt haben, welcher Düngerart ich den Vorzug gebe: dem Kompost. Die ganze Idee der Hügel- und Hochbeetkultur basiert auf der sinnvollen Anwendung kompostierfähigen, organischen »Abfallmaterials«. Die umweltfreundliche Verwertung dieses »Mülls« zum Nutzen des Hobbygärtners ist doch der rote Faden dieses Büchleins. Dennoch könnten Fälle eintreten, in denen der Schrebergärtner sich fragt, ob er nicht zu einem konzentrierten Mineraldünger greifen soll. Seine Situation ist nämlich eine andere als die des Eigenheimbesitzers mit einem Komposthaufen in der Ecke des Gartens. Die Frau eines Schrebergärtners kann nicht täglich ihren Küchenabfall auf den Haufen bringen, denn sie wohnt auf der Etage eines Mietshauses und kommt sommers nur an den Wochenenden in ihr Gärtchen und winters gar nicht. Die Kompostbeschaffung ist also schwierig. Zudem verbieten hygienische Gesichtspunkte das Sammeln von verrottbaren Küchenabfällen bzw. deren Aufbewahrung. Schon nach 3 Tagen würden sie zu stinken beginnen, wenn sie in einem geschlossenen Behälter aufbewahrt wurden. Während das Komposthäuflein im Garten eines Eigenheimbesitzers also ständig anwächst, bringt der Schreber nur kümmerliche Mengen zusammen. Damit eine Hügel- oder gar Hochbeetkultur anzufangen, setzt mengenmäßig erheblichen Nachschub von außerhalb voraus, etwa eine Fuhre Stallmist oder das Anfallen von Baum-

schnitt – oder Rodungsresten nach den Auslichten von Gehölzen.

Für die Abschluß-Schichten solcher Schreber-Hochbeete könnte die Anwendung eines mineralischen Volldüngers notwendig werden. Mangels eigener Kompostmenge ist dieser Hobbygärtner auf die Herstellung eines Schnellkomposts angewiesen: 1 Sack Torfmull (Düngetorf) mit 10 kg Blaukorn oder Kalkstickstoff 4 Wochen vor der Aufbringung feucht angemischt, dann mit Erde bedeckt und noch mit 2,5 kg organischem Volldünger angereichert und den eigenen Kompost darunter – so könnte man sich zur Not helfen.

Es spielen bei manchen Kleingartenbesitzern auch die Kosten eine Rolle. Bedenken wir die segensreichen Auswirkungen auf das Bodenleben (s. S. 84-86), so sind organische Volldünger von der Qualität her den industriell gefertigten Düngern freilich überlegen. Das drückt sich leider auch im Preis aus. Wenn 50 kg pulvriger Kuhdung 108,– DM kostet und die gleiche Menge Industrie-Mineraldünger um die Hälfte billiger ist, wird mancher aus Kostengründen zum preisgünstigeren Dünger greifen. Sind wir aber andererseits nicht auch bereit, beim Einkauf in Bioläden viel höhere Preise inkauf zu nehmen, wenn wir dafür naturbelassene Produkte bekommen?

Ein anderer Grund, der unter Umständen für die Verwendung von Mineraldüngmitteln spricht, ist die Anreicherung des Gemüsegarten-Bodens mit bestimmten Düngemitteln. Da normalerweise der Boden von Gemüsebeeten immer intensiv genutzt wird, ist speziell die Ergänzung von Nährsalzen nötig, die von Starkzehrern am meisten »geschluckt« werden: Stickstoff-, Phosphor- und Kalisalze. Ist genügend Kompost vorrätig – am besten solcher, der mit tierischen Abfällen wie Stallmist, Horn-, Knochenspäne oder Gülle untermischt ist, wird Mineraldünger entbehrlich. Fehlt es aber an diesen Beigaben, müßte der Kleingärtner zum entsprechenden Mineral-Volldünger greifen. Wichtig ist, daß er dieses Konzentrat sparsam und dünn gestreut dem Kompost beigibt – es darf auf keinen Fall zu Ballungen kommen. Man halte sich immer vor Augen, daß jedes Körnchen des Granulats für alle Bodenlebewesen eine geballte Ladung Gift ist, da es punktuell zu einer hohen Salzkonzentration kommt. Nun ist aber ein Komposthaufen ein Ort, der von Bodenlebewesen geradezu wimmelt. Bei spärlicher Dosierung richtet man jedoch nur einen geringen Schaden an. Es kommt zwar selbstverständlich im Umkreis eines solchen Körnchens (einige Kubikzentimeter) zur Totalvernichtung alles Lebenden. Dies wird aber relativ schnell wieder von den Randgebieten her neu besiedelt. Nach ca. 30 Tagen, sagt Prof. Dr. K. H. Domsch (in GEO Juli 82, »Die zersetzende Gesellschaft«), ist der alte Zustand wieder erreicht. Drastischer geht es bei der Verwendung von Kalkstickstoff zu: Es bildet sich ein abtötendes Gas, das Zyanamid, das den ganzen Komposthaufen durchströmt und nahezu alles vernichtet, was da in ihm »kreucht und fleucht«. Erwerbsgärtner desinfizieren so ihre Abfallhaufen, um bei ihren Anzuchtkulturen das Risiko eines Krankheitsbefalls gering zu halten. Die Hersteller von Kalkstickstoff geben das auch in ihren Prospekten zu und empfehlen deshalb eine Wartezeit von wenigen Wochen.

Ein Komposthaufen ist hinsichtlich seiner Pufferfähigkeit schon ein Wunderding. Er neutralisiert selbst die tödlichen Gifte und ist im Hinblick auf die Vitalität nicht zu bremsen. Das Leben in ihm erobert verlorengegangenes Terrain binnen weniger Wochen zurück. So läßt der Kompost auch den Boden wieder gesunden, auf den er aufgebracht wird.

Anders liegt es, wenn der Kleingärtner Mineraldünger direkt auf sein Stück Land streut. Meistens geschieht das in viel zu großen Mengen, so nach der Devise: Viel hilft viel. Da es dann an der Pufferfähigkeit des eben gelobten Komposts fehlt, ist die Zerstörung des Lebens im Boden nachhaltiger und oft nicht mehr zu reparieren. Prof. Alwin Seifert schreibt dazu:

»Die so kleinen Bodenlebewesen haben natürlich auch eine ungeheuerlich dünne und empfindliche Haut. Jede Verschärfung der Bodenfeuchte, in der sie schwimmen, geht sofort durch ihre Haut hindurch und tötet sie ab. Gerade die leichtlöslichen mineralischen Stickstoff- und Kalidünger, mit denen man so rasch ein mastiges Wachstum der Kulturpflanzen erreichen kann, wirken in hoher Konzentration als Gift auf das Bodenleben – und machen die Pflanze selbst anfällig für Schädlinge. Zu dem Gift, das man in den Boden gegeben hat, muß man nun ein neues obendrauf spritzen. Man kommt so in einen Teufelskreis, aus dem es kein Entrinnen gibt.« Nachdem die regulierenden Kräfte des humushaltigen Bodens ausgeschaltet wurden, sind der Vermehrung von Schädlingen kaum noch Hemmnisse entgegengesetzt. Die Pflanzen, in Millionen Jahren dauernder Anpassung auf das Bodenleben fein abgestimmt, stehen nun in roher Erde ohne Schutz des Humus, der immer für ein ausgewogenes Gleichgewicht zwischen Nützlingen und Schädlingen gesorgt hat.

Der von den Pflanzen benötigte Stickstoff, der von ihnen zum größten Teil in Form von Nitrat aufgenommen wird, entsteht im Hochbeet durch Abbau der organischen Bestandteile. Der hohe Anteil stickstoffärmerer, organischer Substanz im Hochbeet (Laub, Holz, Papier) führt aber dazu, daß ein größerer Teil des freigesetzten Sickstoffes rasch wieder von den Mikroranismen im Boden aufgenommen wird, da diese ihn für ihren Zellaufbau selbst dringend benötigen. Deshalb kommt es im Hochbeet auch nicht so leicht zu einem Überangebot an Nitrat-Stickstoff für die Pflanzen, und das ist ja gerade das, was wir anstreben.

7 Bodenverbesserung durch Förderung des Bodenlebens

Erstes Ziel des Gärtners müßte die Bodenverbesserung sein. Konkreter ausgedrückt: Man solle seinen Boden durch Anreicherung mit Humus »lebendiger« machen. Ein untrügliches Indiz für Lebendigkeit sind die mit bloßem Auge sichtbaren Regenwürmer. Je mehr man davon nach einem Spatenstich sehen kann, umso fruchtbarer ist das bewirtschaftete Stückchen Land. Wo Regenwürmer in Massen vorkommen, ist der Boden in Ordnung, denn sie sind sozusagen die Pioniere der Fruchtbarkeit. Sie sind nach den bodenbewohnenden Säugetieren (Maulwurf, Wühlmaus, Ratten) die körperlich größten unter dem Heer der »Unterirdischen Lebewesen« und schaffen durch ihre meist von oben nach unten (bis 2,30 m tief) gegrabenen Röhren die Grundlagen für die Ventilation der Bodenluft, ohne die kein anderes Leben in der Erde stattfinden kann. Ihre Darmausscheidungen, die ein Mehrfaches an pflanzenaufnahmefähigen Düngesalzen gegenüber der umgebenden Erde enthalten, produzieren den Hauptanteil an Dauerhumus (Mull). Im Darm des größten Regenwurms unserer Breiten, dem *Lumbricus terrestris,* werden Tonmineralien mit Humuspartikelchen zusammengekittet. Diese »mechanische« Verbindung hat lange Zeit Bestand. Liegt dieser Humus nicht gerade an der nackten Oberfläche, bleibt er jahrzehntelang »lebendig«.

Ich erinnere mich noch an ein Erlebnis in den Alpen. An einem locker bewaldeten Hang machten wir in etwa 1800 m Höhe Rast. Über felsigem Grund hatte sich eine sehr dünne Krume gebildet, die mit Gräsern und Kleinsträuchern bestanden war. Das Felsige war kalkhaltiges, verkarstetes Gestein; es war an vielen Stellen von Klüften durchzogen, die aber beim ersten Blick nicht zu erkennen waren, weil das Gras sie überwucherte. In einen solchen Spalt griff ich einmal ellenbogentief hinein – und hatte das in der Hand, was ich in solcher Reinheit nie zuvor gesehen und gespürt hatte: tiefschwarzen, griffigen, feinstkörnigen und gut duftenden Humus. Er konnte sich hier in einer windstillen »Nische«, einer Falle für herangewehten Staub, ansammeln und Jahr für Jahr und von Schneeschmelze zu Schneeschmelze millimeterweise anhäufen, bis nach vielen Jahrzehnten eine Handbreit dieser wertvollsten Substanz zusammenkam. Ständige Beschattung hatte den Humus am Leben erhalten, direkte Sonnenstrahlung hätte ihn zerstört. Auch windbedingte Trockenheit hätte diese Bildung nicht zustandekommen lassen.

Wir erkennen, daß die Entstehung und Erhaltung des Humus an Bedingungen geknüpft sind, wie sie auch Pilze, Algen und schattenliebende lebendige Pflanzen für sich beanspruchen. Der Boden lebt, und ist leider auch zerstörbar.

Es ist nicht nur die schwärzliche Farbe und der nach Erde riechende Duft, die dem Gärtner als sinnfällige Erscheinungen des Humus bewußt werden. Hinter diesem Begriff steckt viel mehr als nur diese Äußerlichkeit. Ein intaktes Bodenleben ist auch eine Funktion des Gleichgewichts. Wird beispielsweise der Waldboden im Herbst mit herabfallenden Blättern und vom Sturm herabgebrochenen Zweigen bedeckt, werden alle Mitglieder der Bodenlebewesen für den Abräumdienst alarmiert. Solange es das Wetter zuläßt, müssen die Löcherfresser unermüdlich Dienst tun: Die Asseln, die Würmer, die Springschwänze, die Bärtierchen. Sie bilden die Mannschaft fürs Grobe. Das ist aber nur der Anfang. Jetzt kommen die Pilze an die Reihe. Ihre hauchdünnen Fädchen arbeiten sich durch die Blätteräderchen und Mittelrippe hindurch und zersetzen die ligninhaltigen Zellen des Gewebes. Gleichzeitig überfluten Heubakterien das schon Kleingemachte und sorgen für die richtige erhöhte Temperatur, damit sich auch die folgenden Kolonnen anderer Bakterien wohlfühlen. Jetzt kommen die Chemiker an die Reihe. Waren bisher alle Beteiligten in der Abteilung »Mechanische Zerstörung« am Werk, treten jetzt die »Chemie-Werker« an: Ihre Aufgabe ist die Auflösung der Molekül-Verbindungen. Und weil es von denen im Pflanzenreich allein ein paar Tausende gibt, muß es auch ein paar Tausende verschiedener Bakterienarten geben, von denen sich jede einzelne auf einige wenige verwandte Verbindungen spezialisiert hat. Dazwischen fungieren die Einzellertiere als »Gesundheitspolizei«. Die Algen produzieren dazu den nötigen Sauerstoff, denn als grüne Pflanzen schlucken sie Kohlendioxyd und atmen den für sie nicht weiter verwendbaren Sauerstoff wieder aus – den anderen zur Freude. Etliche Mikroben sind nur bei der Müllverwertung beschäftigt. Sie fressen das auf, was andere vor ihnen als Verdauungsrückstand ausgeschieden haben. Und das, was auch diese wieder als Kot hinterlassen, enthält vielleicht noch eine Spur verwertbares Eiweiß. Also kommt noch eine andere Organismenart zu dem Stoff, von dem sie sich ernähren.

Alle sind gesamtbetrachtet mit der Aufgabe beschäftigt, die »Störung« die durch das Fallaub eingetreten ist, wieder zu beheben. Sie stellen also das Gleichgewicht und damit die Pufferfähigkeit des Bodens wieder her.

Ähnlich laufen die Vorgänge ab, wenn ein größeres Tier verendet ist: Der Kadaver wird von Käfern und Insektenlarven und anderen Bakterien angegriffen, bis auch dieses Monstrum aus Fleisch, Knochen und Haaren aus der Welt geschafft ist.

Nun sind beileibe nicht alle Mikroben so nützliche Handwerker. Das heißt: Nützlich sind sie schon, nur nicht aus menschlicher Sicht. Da wir Menschen uns aber als den Mittelpunkt der Welt betrachten, nehmen wir uns das Recht, alles andere Lebendige in die Kategorien »nützlich« oder »schädlich« einzuteilen. Viele Krankheiten werden von Bakterien, Viren oder Pilzen verursacht. Hier ist doch ganz offensichtlich der oben zitierte »Kreislauf« unterbrochen worden. Wie steht es nun damit?

Alle Mikroben wirken am großen Plan mit. Die ihr zugewiesene Aufgabe »Herstellung des Gleichgewichts« wird auch von den Krankheitserregern voll erfüllt. Sie greifen nur jene Individuen an, die durch irgendeinen Zustand geschwächt sind und ihre Widerstandsfähigkeit vorübergehend verloren haben. Beispielsweise hatten wir im Jahre 1984 ein ausgesprochen kühles Frühjahr mit längeren Regenperioden. Die Kartoffeln, ihrer Herkunft nach in den Hochplateaus der südamerikanischen Anden zu Hause, lieben es aber gerne trocken und warm. Also war ihnen das eben beschriebene Wetter nicht genehm und sie wurden anfällig für die Erreger der »Phytophthora«-Krankheit. Alle Nachbarn klagten über die erst blaß, dann schmierig-naß werdenden Blätter. Keime sind bekanntlich überall präsent, greifen jedoch nur dann an, wenn ihnen eine Blöße gegeben wird, hier war es die kalte Nässe. Wenn man hinter diesem Geschehen einen höheren Sinn vermuten könnte, dann müßte er die Vernichtung des Kartoffelanbaus in unserem Klima sein. Durch vieles Züchten und Manipulieren an der genetischen Erbmasse sind Sorten geschaffen worden, die zwar auf »Englage der Knollen«, »weichkochend«, »festkochend«, »länglichrund« oder auf »Gelbfleischigkeit« getrimmt wurden, aber durch diese Hochzucht an Vitalität eingebüßt haben.

Über die Anfälligkeit unserer Kulturpflanzen durch Mineraldüngung und durch viele Spritzungen mit Pflanzenschutzmitteln habe ich in einem früheren Kapitel schon gesprochen. Nun greifen aber nicht nur die konventionell-arbeitenden Landwirte zu solchen Mitteln, sondern auch die sogenannten »Biologischen« meinen, nicht ohne ihre Gifte auskommen zu können. Diese sind freilich anderer Art als die chemisch hergestellten.

Die biologischen Pflanzengifte werden aus Brennessel-, Rainfarn-, Baldrian-, Knoblauch-, Spiritus-, Essig- und anderen Essenzen hergestellt. Da in einschlägigen Gartenzeitschriften

0,40 m

Zeichnung 24: Intaktes Bodenleben, wie es sich etwa an einem Waldrand abspielen könnte. Diesen Naturzustand auch auf seinem Gartenboden herzustellen, sollte das Bestreben jedes Gärtners sein. Obenauf liegt eine Streuschicht, bestehend aus herabgefallenem Laub vom letzten Herbst, Grashalme und verwelkte Stengel aus der Krautschicht. Darunter die schwarzbraune Humusschicht. Hier findet aktives Bodenleben statt: Regenwürmer ziehen Blätter in den Boden, Asseln, Springschwänze, Käfer und Zweiflüglerlarven

zerlegen mit ihren Mundwerkzeugen das Herabgefallene. Mikroben übernehmen die weitere Zersetzung, unterstützt durch Pilze und Algen, bis zuletzt gut duftender Humus übrigbleibt.

So sollte auch der Gärtner durch Kompostauflage oder Mulchen mit Grasschnitt u. ähnlichem diesen Naturzustand auf seinen Beeten herstellen.

Die kreisförmigen Darstellungen gewähren einen Blick in das Profil der Mutterbodenschicht in mikroskopischer Vergrößerung. Zu sehen sind verschiedenartigste Lebewesen. Dazu zählen sowohl pflanzliche als auch tierische Organismen. Bakterien z. B. gehören zu den pflanzlichen Winzlingen; von ihnen gehen auf einen Kaffeelöffel mehr als es Menschen auf der Erde gibt, und das sind immerhin schon über 4 Milliarden

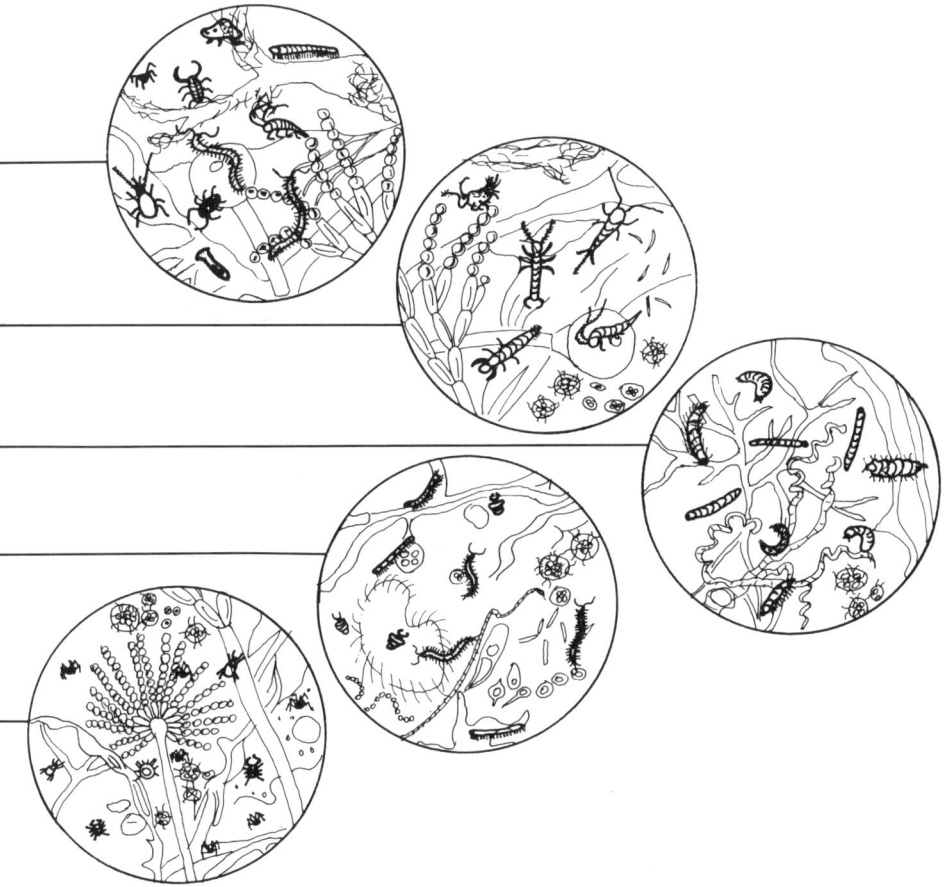

ein großer Raum der Selbstbereitung von Tees und Brühen aus Pflanzen gewidmet wird, hat sich jetzt auch unter den Gärtnern scheinbar die Mentalität breitgemacht: Auf jedes Wehwechen muß sofort ein »Pflästerchen« kommen.

Schädlinge und Seuchen-Erreger schwirren als Staubkörnchen und vom Winde verweht überall herum. Sie können nur dort virulent werden, wo die artgemäßen Lebensbedingungen für die Pflanzen gestört sind und kein Gleichgewicht mehr im Bodenleben besteht. Dürreperioden, Kältezeiten, Regenwochen, Fehlen irgendeines Nährstoffes, ungünstiger Säurezustand und vieles andere mehr können dies auslösen.

Was aber viele publizierende Bio-Gärtner uns als Gegenmaßnahmen empfehlen, atmet den Geist einer Hausfrau aus, die gegen Schmutz und schädliche Bakterien im Haushalt sofort die schärfsten Putzmittel einsetzt. Mit einem vermeintlichen Sieg aber züchtet sie auf Dauer gesehen nur neue Bakterienstämme heran, die sich aus den überlebenden Mikroben bilden. Alle Bakterien sind im Bauplan der Natur — anders als nach menschlicher Betrachtungsweise — im Grunde genommen Nützlinge, die immer dann auf den Plan treten, wenn ihrem »Ordnungssinn« nach eine Störung der Umweltbedingungen vorliegt. Und sie verschwinden wieder, wenn ihre »Arbeit« erledigt ist.

Wer als Gärtner diese Erkenntnis des Kontinuitätsbestrebens der Mikroben teilt, wird auch über die Verwendung von Pflanzenschutzmitteln nachdenken. Nicht die Vernichtung dieser Mikroben kann das Ziel sein. Es wäre eine vergebliche Mühe. Sie alle sind als Keime ohnehin überall präsent, sowohl in der Luft als auch im Wasser, erst recht aber im Boden. Deshalb müßte der Hobbygärtner an anderer Stelle ansetzen: Er sollte in seinem Gartenboden solche Bedingungen schaffen, die Schädlinge gar nicht erst aufkommen lassen. Das Wetter mit seinen Kapriolen kann er nicht beeinflussen, wohl aber den Grund und Boden, in dem seine Pflanzen wachsen. Ihn gilt es gesund zu halten, ein intaktes Bodenleben ist dafür die Voraussetzung, und nicht das Austüfteln irgendeines Vernichtungsmittels.

Die Gesunderhaltung des Bodens ist ein immerwährender Prozeß. Solange man einen Garten hat, muß der Gärtner sein Augenmerk auf die Bodenverbesserung richten. Folgt er dabei den in diesem Büchlein vertretenen Empfehlungen, wird zumindest derjenige Teil seines Gartens schon in wenigen Jahren seine Handschrift tragen, der am intensivsten genutzt wird: seine Gemüsebeete. Er wird die Humusanreicherung im Boden vorantreiben; er wird für mehr Wärme im Boden sorgen; und er wird sich deshalb entweder ein Hügelbeet oder am besten gleich das erfolgreichste Beet der Freilandkultur anlegen — nämlich das Hochbeet.

8 Geschichtlicher Rückblick auf Hügel- und Hochbeetkultur

Besonders Mißtrauische fragen nach Vorträgen manchmal: »Warum bauen die Erwerbsgärtner nicht schon längst ihr Gemüse auf den neuartigen Hoch- bzw. Hügelbeeten an, wenn die so fruchtbar sein sollen?«

So brandneu ist die Idee gar nicht. Schon vor mehr als tausend Jahren haben Gärtner in China Garten- und Gehölzabfälle wallähnlich aufgesetzt und Erde darübergeschaufelt. Ihre Ernten standen den heute bei uns erzielten vermutlich in nichts nach.

Auch die Norditaliener praktizierten mindestens seit dem Mittelalter in der Lombardei und in der Po-Ebene ihre»Baulatura«-Kulturen, die sie durch Aufschlickung von Fluß-Sedimenten gewonnen haben. Sie sind ähnlich den mit Marschboden erhöhten Ackerstreifen der norddeutschen Flußmarschen. In den Vierlanden und im Alten Land bei Hamburg gehören die schmalen, uhrglasförmig gewölbten und von »Grübben« (Gräben) beiderseits umgebenen Beete zum Landschaftsbild. Jahr für Jahr wurde der von den Gezeiten angeschwemmte Schlick aus den Gräben auf die Beete geworfen. Sie haben inzwischen eine Höhe von bis zu 1,50 m über dem Graben-Wasserspiegel erreicht. Je höher sie wuchsen, desto fruchtbarer wurden sie. Kein Wunder, daß diese Flußmarschen zu *dem* Obst- und Gemüseanbaugebiet und Lieferanten der Großstadt Hamburg wurden.

Auch im deutschen Mittelalter kannte man hügelbeetähnliche Wälle in der Flurlandschaft. Sie wurden damals »Hoch- oder Wölb-Acker« genannt. Es waren bis 2,50 m breite, von »Furchen« umgebene Bodenwölbungen, die teilweise noch heute in Andeutungen auf Waldböden erkennbar sind.

Durch alle diese Bauwerke wurde eine Optimierung der Fruchtbarkeit im Zusammenhang mit der Bodenverbesserung erzielt. Ein Boden wird zunächst dadurch verbessert, daß man seinen Porenreichtum erhöht. Das geschieht durch das Bewegen der Erdschollen, wodurch alle Krümel mit Luft »umspült« werden und der Boden die gelockerte lufthaltige Struktur für wenigstens 1–2 Jahre beibehält. Das ahnten sicher schon die ersten Bauern der Jungsteinzeit, als sie mit einem Hakenpflug den Boden aufritzten. Dieser mechanischen Bodenkur muß die biologische folgen. Durch Aufbringen von organischem Dünger (Stallmist, Jauche, Kompost) werden die Bodenlebewesen aktiviert und genügend Nährhumus für die Kulturpflanzen bereitgestellt.

Zweitens wurde eine bessere Durchlüftung erzielt und drittens der Grundwasserspiegel auf ein günstigeres Niveau herabgesenkt. Stauende Nässe bedeutet nämlich für viele Pflanzen Versäuerung und einen langsamen Tod.

Alle diese Grundgedanken finden wir auch wieder in den Hoch- und Hügelbeeten verwirklicht. Sie sind also beileibe nichts umwerfend Neues, sondern lediglich eine Auffrischung alten Wissens.

Der Grund, warum diese alte Ackerbautechnik »vergessen« wurde, liegt im Aufkommen immer größer und leistungsfähiger werdender landwirtschaftlicher Maschinen. Ein vom Traktor gezogener 5-Scharpflug braucht z. B. allein zum Wenden 12 m; ein Mähdrescher mit über 4 m Fahrzeugbreite ist in seinem Aktionsbereich für Feldgrößen vom Hektar an bis zum Quadratkilometer angelegt. Dagegen sind die »Wölb-Acker« im wahrsten Sinne des Wortes

»kleinkarierte« Flächen gewesen. Sie waren eben auf mittelalterliche Gegebenheiten zugeschnitten: Ackerbestellung mit dem Holzpflug, vom Menschen oder einer Kuh gezogen – oder Miststreu mit der Schubkarre transportiert... Die Rationalisierung war es also, die mit einer immer perfekter werdenden Agrartechnik die alte überlieferte Ackerbearbeitung von Hand verdrängt hat.

Die Rentabilität hält auch die Erwerbsgärtner von der Einführung von Hoch- und Hügelbeetkulturen ab. Allein die Anlage einer solchen Hügelbeetreihe ist viel zu arbeitsaufwendig und ohne teuere menschliche Arbeitskraft nicht zu schaffen.

Im Feld-Gartenbau haben Traktor, Bodenfräse, fahrbares Spritzgerät, Düngestreuer usw. längst Einzug gehalten. Sie verlangen größere ebene Flächen. Da sind Hoch- und Hügelbeete eher hinderlich, die Hochbeete auch wegen der aufzurichtenden Wände viel zu teuer. Und was

den erwiesenen Vorteil größerer Fruchtbarkeit betrifft, den erzielen die modernen Gärtner mit Mineraldünger.

So bleiben die Haufen-Beetformen den Hobbygärtnern vorbehalten. Sie brauchen weder auf EG-Güteklassen noch auf die Kosten für Amortisierungen ihrer Geräte und auf Lohnkostenkalkulierungen zu achten. Sie nehmen die Mühen der Gartenarbeit als willkommene Gelegenheit körperlicher Bewegung auf sich und manche empfinden sogar Freude am kreativen Tun. Sie erfahren das Gärtnern als Selbstwert. Und wenn sie in einem günstigen Jahr mal prächtige Sellerieknollen, frischgepflückte köstliche Erdbeeren oder ausgereifte, aromatisch schmeckende Tomaten ernten können – dann ist diese Freude ein zusätzlicher Lohn.

Es sind also grundverschiedene Motivationen bei Erwerbsgärtnern und bei Freizeitgärtnern.

9   Thesen zur Hochbeetkultur

Hochbeete sind fruchtbarer als andere Freilandkulturen.

1. Verglichen mit Flachbeeten kann Gemüseanbau auf Hügelbeeten den doppelten, *auf Hochbeeten aber den dreifachen Ertrag erbringen.*

2. Auf kleinstem Raum *hohe Erträge* zu erwirtschaften ist das Ziel eines jeden Gärtners. Hochbeete ermöglichen es.

3. Jährlich wiederholte Aufschüttung mit Kompost als Ausgleich des »Schwunds« verbessert die Qualität des Bodens. Der ständig *erhöhte Anteil an Dauerhumus* im Mutterboden der Hochbeete entspricht dem der Schwarzerdeböden deutscher Bördelandschaften (z. B. Magdeburger Börde) oder der russischen Ukraine.

4. Humus ist der wertvollste Bestandteil des Gartenbodens. Er ernährt das Gesunde, fördert die Bodengare und bewahrt die Bodenfeuchte. Für krankheitsbefallene Pflanzen hält er alle Stoffe bereit, die sie zur *Heilung aus eigener Kraft befähigen.*

5. Wiederholter Kompostauftrag im Frühjahr hat die Wirkung einer Bodenerneuerung. Er erlaubt einen *verkürzten Fruchtwechsel.*

6. *Hochbeete sind Warmbeete.* Eine um 1–4 Grad höhere Temperatur fördert das Keimen und Wachsen aller Pflanzen. So sind 2–3 Ernten pro Jahr und Beet normal.

Die günstigere Bodentemperatur wird hervorgerufen durch Verrottungsprozesse, im Beet selbst. Die Seitenwände nehmen Wärme auf und leiten sie ins Innere. Holz- und Papiermassen in der Beet-Tiefe isolieren gegen die Bodenkühle und verhindern deren Aufsteigen.

7. Die große organische Masse in einem Hochbeet produziert durch reiches Bodenleben einen *hohen Ausstoß von Kohlendioxyd.* Dieses CO_2-Gas fördert die Assimilation der Pflanzen und schafft ihnen optimale Lebensbedingungen.

8. *Tiefreichende Wände sperren Ratten, Wühlmäusen und anderem Ungeziefer unterirdisch den Zutritt.* Sie haben bei geschlossenen glatten Wänden auch oberirdisch keine Möglichkeit, ins Innere zu kommen.

9. Die Beetfläche in 70–80 cm Arbeitshöhe über Gartenniveau erlaubt ein *bequemes Arbeiten* am Hochbeet. Selbst behinderte und alte Menschen können noch Freude an der Gartenarbeit empfinden, weil Umgraben und lästiges Bücken entfällt. Durch eine Woche Bauzeit schafft man sich ein Jahrzehnte-Beet.

10. Weitere Vorteile der hochliegenden Pflanzfläche sind die frühere Erwärmung, denn die schwere Kaltluft bleibt länger am Boden liegen. Auch finden die Pflanzenwurzeln in der *viel tieferen Humusschicht* mehr Nähr- und Heilstoffe als auf Flachbeeten.

Literatur

Aktionszentrum Umweltschutz, 1984: Kompostfibel. Berlin: Selbstverlag.

Beba, H., und H. Andrä, 1983: Hügelkultur. Die Gartenbaumethode der Zukunft, 16. Aufl. Mannheim: Waerland-Verlag.

Bockemühl, J., 1981: Vom Leben des Komposthaufens: Philosoph.-Anthroposophischer Verlag.

Böttner, J., 1980: Gartenbuch für Anfänger. Frankfurt/Oder: Königl. Hofbuchdruckerei Trowitsch & Sohn.

Domsch, K. H., 1982: Zit. aus »Bodenbiologie – die zersetzende Gesellschaft«, in Geo 7/82.

France, R. H., 1968: Die Welt der Tiere. München: Südwest-Verlag.

Genders, R., 1980: So einfach ist der Anbau von Gemüse. Berlin-Hamburg: Verlag Paul Parey.

v. Guttenberg, H., 1955: Lehrbuch der Allgemeinen Botanik. Berlin: Akademie-Verlag.

Freizeitparadies Garten. Hamburg: Orbis-Verlag 1978.

Hertel, F., 1978: Spargelbau. Lehrmeister-Bücherei. Minden: Albrecht Philler-Verlag.

Howard, M., 1985: Mischkulturen für Flach- und Hügelbeete. München: BLV.

Kalaus-Zimmermann, Hertha, 1985: Gärtnern am Hochbeet. München: Südwest-Verlag.

Nicol, H., 1956: Der Mensch und die Mikroben. Reinbek: Rowohlt.

Petermann, J., und W. Tschirner, 1975: Interessante Botanik. Leipzig-Jena-Berlin: Urania-Verlag.

Gärtner Pötschkes Großes Gartenbuch, 1964. Karst: Selbstverlag.

Seifert, A., 1980: Gärtnern, Ackern – ohne Gift. München: Biederstein-Verlag.

Seiffert, C., und R. Keller, 1982: Düngefibel für den Garten. Frankfurt/M.-Berlin-Wien: Ullstein-Verlag.

Seymour, J., 1978: Das große Buch vom Leben auf dem Lande. Ravensburg: Otto Maier-Verlag.

Stichwortregister

Notizen

Notizen